新媒体·新传播·新运营 系列丛书

和秋叶一起学

软文营销

刘军明 梁芷曼 ◎主编

第2版｜慕课版

人民邮电出版社

北 京

图书在版编目（CIP）数据

软文营销：慕课版 / 刘军明，梁芷曼主编. -- 2版
. -- 北京：人民邮电出版社，2024.5
（新媒体·新传播·新运营系列丛书）
ISBN 978-7-115-63882-3

Ⅰ. ①软… Ⅱ. ①刘… ②梁… Ⅲ. ①市场营销学—
文书—写作 Ⅳ. ①F713.50

中国国家版本馆CIP数据核字(2024)第048407号

内 容 提 要

随着信息化时代的来临，用户的阅读习惯及方式发生了很大的改变。用户对电视广告、电梯广告、户外广告等硬广告的关注度下降，传统营销方式的效力也在逐渐下降。软文营销作为一种性价比高、互动性强且行之有效的营销方式，逐渐发展成为企业品牌推广和产品营销的重要手段。对具备软文营销技能人才的需求随之呈上升趋势。

本书系统阐述了软文营销的概念、整体设计和具体应用，详细分析并讲解了提升软文营销效果的重要方法，不同的新媒体平台的营销软文写作技巧，软文营销的组合投放策略、效果评估方法、注意事项、误区以及风险防范等。

本书讲解系统且透彻，既可以作为高等院校市场营销、电子商务等相关专业或课程的教材，也可以供广大新媒体行业、广告行业从业人员和研究人员学习和参考。

◆ 主　　编　刘军明　梁芷曼
　　责任编辑　连震月
　　责任印制　王　郁　彭志环

◆ 人民邮电出版社出版发行　北京市丰台区成寿寺路11号
　　邮编　100164　电子邮件　315@ptpress.com.cn
　　网址　https://www.ptpress.com.cn
　　固安县铭成印刷有限公司印刷

◆ 开本：787×1092　1/16
　　印张：10　　　　　　　　　　2024 年 5 月第 2 版
　　字数：188 千字　　　　　　2025 年 6 月河北第 3 次印刷

定价：49.80 元

读者服务热线：(010)81055256　印装质量热线：(010)81055316
反盗版热线：(010)81055315

编写背景

本书全面贯彻党的二十大精神，以社会主义核心价值观为引领，坚定文化自信，使内容更好地体现时代性、把握规律性、富于创造性。

随着我国移动互联网用户规模增速放缓，新增流量资源有限，企业的获客成本也随之不断攀升，企业急需调整发展战略和市场营销策略以适应市场的变化。在注意力稀缺的移动互联网时代，软文营销成为企业广泛传播品牌、快速触达目标用户的利器。企业通过软文营销树立企业品牌形象，消除目标用户和产品间的信息壁垒，建立用户信任，最终实现用户和产品销量的双增长。

新闻资讯类平台，微信、微博平台，问答类平台，个人社交类平台，社群类平台，以及短视频、直播平台等新媒体平台的兴起和发展，给软文营销注入了新动力。借助新媒体平台的力量，放大企业竞争优势，实现软文营销效果的最大化，成为企业营销人员及高校市场营销专业学生一项不可或缺的技能。

为了更好地帮助企业和院校培养更多适应市场需求的软文营销人才，编者根据软文营销的发展现状和完整的营销策划流程，结合新的软文营销方法和不同平台、不同行业的营销实战案例，对之前出版的《软文营销》一书进行了升级改版，希望能够将软文营销的新知识和新技能系统地呈现给读者。

本书特色

1. 体系完善

本书内容从软文营销的基础概念、整体设计及具体应用，到提升软文营销效果的方法及六大平台营销软文的写作技巧，再到软文营销的组合投放策略、效果评估、注意事项、误区及风险防范，形成了一个系统完整的闭环。本书先从宏观的层面探讨如何设计软文营销的全流程及构建软文整体写作框架，再针对具体的六大热门平台深入探讨不同的营销软文写作技巧及营销策略，有助于读者在建立系统理论框架的同时，学会满足市场需求的软文营销实战技能。

2. 实操性强

本书旨在培养应用型人才，本书编者在企业工作中积累了大量成功的软文营销实战经验，故在本书的理论部分为读者总结了具有普遍适用性的传播势能强的软文写作方法、仿写模板以及各平台的营销软文写作技巧，配以案例讲解，浅显易懂，让读者能够轻松掌握软文写作的方法和营销技巧。

3. 案例丰富

本书通过分析和鉴赏汽车、房地产、金融（银行和保险理财）、美妆护肤、服饰鞋包、超市、食品饮料、日化用品、数码产品、家电、餐饮、教育、电影、电商、App 等多个行业的经典案例，让读者掌握软文营销的实战技能。

无论是对营销专业的学生还是营销行业的从业人员，本书都能够对个人的能力培养和专业性的加强发挥指导作用。

4. 注重训练

本书精心设计了"课堂讨论"栏目，目的是引导读者发挥主观能动性，深入透彻地理解软文营销相关理论和方法；此外还设置了大量的"课后习题"，旨在让读者通过训练掌握及提高软文营销的实操技能，在实际工作中真正地学以致用。

5. 配套资源丰富

本书配有慕课视频，读者用手机扫描封面上的二维码即可观看。此外，本书还提供了丰富的立体化教学资源，包括 PPT 课件、教案、教学大纲等，选书老师可以登录人邮教育社区（www.ryjiaoyu.com）下载使用。

教学建议

本书适合作为高等院校电子商务、市场营销等相关专业或课程的教材。如果选用本书作为教学用书，建议安排 32 ~ 48 学时。

编者情况

本书由刘军明、梁芷曼担任主编。在编写过程中，编者得到了诸多朋友提供的帮助及案例素材，在此深表谢意。书中疏漏之处在所难免，欢迎大家批评指正。

编者

2024 年 1 月

Contents 目录

CHAPTER **06**

第 6 章
软文营销的注意事项、误区及风险
防范 **142**

CHAPTER 01

第1章
软文营销概述

学习目标

➤ 了解软文的定义。

➤ 了解新媒体软文与传统软文的区别。

➤ 了解软文的两种划分标准。

➤ 了解软文营销的定义。

➤ 了解新媒体软文营销的三个特征。

素养目标

➤ 把握时代特征,不断加强学习,做新时代的优质软文创作者。

➤ 培养用发展的观点看问题的能力、用辩证思维分析问题的能力。

随着新媒体平台的大量涌现和蓬勃发展,新媒体营销已经成为企业进行品牌建设和市场推广的重要环节之一。而软文营销作为企业新媒体营销中不可或缺的一部分,其以成本低、传播途径广、说服力强、宣传效果好等特点受到越来越多企业和商家的青睐。本章将详细梳理软文营销这一常见企业营销手段的相关基础知识。

1.1 认识软文

软文是指根据特定的用户诉求，以摆事实、讲道理的方式使用户走进企业设定的"思维圈"，以强有力的针对性心理"攻击"迅速实现品牌推广或产品销售目的的文字。与硬广告相比，软文的精妙之处在于"软"，它将要宣传的信息嵌入文章内容中，做到刚柔并济，含而不露。

1.1.1 软文的定义

软文是由企业的市场策划人员或广告公司的文案人员负责撰写的文字。一篇好的软文，既能让用户在文章里找到自己所需的信息，为用户提供价值；也能让用户了解软文撰写者所要宣传的内容，"润物细无声"地影响用户决策。软文的定义有狭义与广义之分。

1. 狭义的软文

狭义的软文指企业付费在报纸、杂志等宣传载体上发表的纯文字性的或图文结合的广告。这是早期的一种定义。图 1-1 所示为广汽丰田在某报纸上刊登的广告，这种大篇幅文字配以图片的广告属于狭义的软文。

图 1-1　狭义的软文

2. 广义的软文

广义的软文指企业通过策划在报纸、杂志或新媒体平台等宣传载体上刊登的，可以提升企业品牌形象和知名度，或促进企业产品销售的一些宣传性、阐释性文章，包括特定的新闻报道、深度文章、创意广告、产品评测、案例分析等。图 1-2 所示为 Skullcandy 耳机在世界杯期间发布的以体育场上巨型耳机为创意的广告，体育场上的巨型耳机不仅给用户带来强烈的视觉冲击力，还能从侧面展示出该品牌耳机良好的音质音效这一卖点，暗示用户戴上它就能享受到身临其境的听觉盛宴。虽然内容通篇没有出现硬广告，但也达到了渗透性品牌宣传的目的，此类文章属于广义的软文。

图 1-2　广义的软文

软文属于广告的范畴，但与广告、文案仍存在着差别。一般来说，广告范畴广，涵盖广告创意、广告形象等多方面的内容，其中涉及文字方面的描述统称为文案。而在文案的范围里，一篇完整的软性宣传文章即可称为软文。

1.1.2　新媒体软文与传统软文的区别

随着互联网产业的迅速崛起，新媒体成为企业宣传品牌及传播信息的主要渠道，新媒体软文营销已成为企业营销的重要手段之一。新媒体软文与传统软文主要存在以下三个方面的差别。

1. 发布渠道不同

与传统软文相比，新媒体软文的发布平台更多样、更广泛。新媒体软文以互联网为载体，从各大新闻媒体、自媒体平台到百度知道、头条问答、知乎等问答平台，再到以微博、微信为首的社交平台，以及抖音、快手、微信视频号、小红书和点淘等热门的短视频和直播平台，都能发布软文。而传统软文仍以报纸、杂志等传统媒体为主战场。

2. 传播范围不同

与传统软文相比，新媒体软文最大的优势在于其充分利用了互联网的即时性、全球性和交互性等特征，可以突破传统媒体时间、地域等方面的限制，企业可以在新媒体平台上随时随地发布软文。而用户可通过主动搜索或系统推送，在一个或多个新媒体平台上浏览企业或产品的相关报道，获取自己所需的信息。这既能提升用户的体验，又能增强用户对企业或产品的信任，引导用户分享及购买。一篇优质的新媒体软文不仅能为用户提供价值，促进用户主动传播，还能引发其他的新媒体平台相继转载，最终实现低成本的可持续传播。

3. 推广形式不同

新媒体软文与传统软文的推广形式有明显的区别。传统软文是通过传统媒体进行单向推广传播的，以"推"的营销模式主动把宣传软文发送或传递给用户。但新媒体软文则以用户需求为导向，用"拉"的营销模式吸引用户参与，实现软文的交互传播，以增强软文传播者与接收者之间的沟通与互动。用户通过新媒体平台实现相互连接和资源共享，促进企业与企业之间、企业与用户之间以及用户与用户之间的无障碍沟通。此外，由于互联网具有交互性，用户不仅是软文的接收者，同时还是软文的传播者，这有利于增强用户参与感，促使用户提出宝贵的反馈意见。

1.1.3　软文的两种划分标准

按照不同的营销目的与投放渠道，软文可以划分为不同的类别。软文按营销目的的不同可分为品牌推广软文、产品推广软文、活动推广软文；按投放渠道的不同则可分为新闻资讯类软文、自媒体类软文、问答类软文、个人社交类平台软文、社群类软文、短视频和直播类平台软文等。

1. 按营销目的的不同进行划分

软文营销目的不同，对应的软文写作方法也有所不同。企业开展软文营销主要有品牌推广、产品推广和活动推广三个目的。

（1）品牌推广软文

品牌推广软文是指企业为建设品牌形象、积累品牌知名度、沉淀品牌资产而撰写的软文。常见的有品牌故事软文，以讲故事的形式将品牌发展的历史脉络，品牌的内涵、价值及特点向用户娓娓道来，并潜移默化地使用户对品牌产生印象或好感。例如，《如果父爱有标价，是他40岁放弃上百万元的年薪，和老东家宝洁竞争……》这篇软文，讲述品牌创始人为了让两个女儿用更天然的洗发水，放弃上百万元的年薪去创业研发洗发水的故事。用户在阅读故事的同时，也记住了该品牌"天然"这个重要特点。

（2）产品推广软文

产品推广软文是指企业为推广新品或促进热销单品销售而撰写的软文。产品推广软文一般从产品的不同方向选材，如从产品成长进程、产品里程碑、产品亮点分析等方面进行写作。例如，软文《8款静音破壁机真实测评，"双11"买前必看》就是以测评的方式对8款静音破壁机从其打豆浆细腻度和时间、打豆浆时的噪声大小、豆渣重量、磨粉细腻度、打米糊细腻度、胶圈、自清洁功能、杯体重量8个方面进行对比分析，让用户全方位直观地了解这8款破壁机的优劣，并根据测评结果引出推荐的产品。

（3）活动推广软文

活动推广软文指企业为推广其线上或线下活动、引导用户参与而撰写的软文。例如，TOM FORD品牌借势热播综艺及节目知名艺人热度、妆容主话题和知名艺人子话题多向发力，定制节目衍生话题"超飒姐姐妆"及微博软文，以全方位话题矩阵宣传细黑管口红新品上市。

课堂讨论

如果让你为一款手机撰写一篇软文，你会从下面哪些角度去写，为什么？你还能想出哪些角度？

1. 重点写手机各项功能。
2. 重点宣传手机代言人。
3. 从手机的技术创新上写。

2．按投放渠道的不同进行划分

不同的媒体渠道拥有不同的目标人群及渠道特性，相对应的软文写法也略有不同。按投放渠道的不同进行划分，软文可分为新闻资讯类软文、自媒体类软文、问答类软文、个人社交类平台软文、社群类软文、短视频和直播类平台软文等。

（1）新闻资讯类软文

互联网还未兴起时，软文的投放渠道以报纸、杂志为主，其内容与报纸、杂志定位相符，主要以新闻报道、人物访谈的形式植入广告。如今，各种新闻资讯类平台兴起，如网易、搜狐、新浪、腾讯、今日头条、一点资讯等，软文内容虽没有变化，但其投放渠道更多、覆盖面更广，且软文内容多以新闻资讯的形式出现。

（2）自媒体类软文

自媒体类软文是指关键意见领袖（Key Opinion Leader，KOL）或企业的微信公众号、微博头条等自媒体账号发布的软文。知识性、趣味性及分享性是自媒体类软文最大的特点，但此类软文的写作风格又会因账号类型的不同而有所不同。同一品牌如需在不同的自媒体账号上发布软文，则需根据具体的自媒体账号类型发布不同主题的软文。例如，以家庭教育为主调的账号，投放的软文则尽可能围绕"育儿心得"的主题展开；而投放在女性情感类账号上的软文则以情感故事、女性人物访谈等形式呈现。

（3）问答类软文

问答类软文是指以百度知道、头条问答、知乎等平台为依托，以设置问题并回答问题的形式进行创作的软文。问答类软文要求撰写者设身处地地站在搜索答案的用户的角度思考问题，设想用户的需求及可能会提出的问题，通过设置并回答用户想要解答的问题植入广告，以达成软文营销的目标。例如，进入问题"如何看待××品牌新推出的××产品？"的回答页面，便可查看关于该品牌产品的介绍和评价。

（4）个人社交类平台软文

个人社交类平台软文是指通过微信朋友圈、微博、QQ空间等个人社交类平台发布的软文。由于个人社交类平台具有用户体量大、交流便捷、互动性强等特点，越来越多的企业将个人社交类平台列为软文推广和信息发布的重要渠道之一。该渠道发布的精简的个性化软文更容易获得用户的青睐和信任，促使用户主动分享传播。

（5）社群类软文

社群类软文是指以社群（如微信群、QQ群）为依托，通过在社群与群友交流互动或分享的过程中出其不意地植入广告，最终实现营销目标的软文。社群类软文的内容要切合题旨，要与植入的广告相一致。例如，在社群中进行知识技能类分享，植入的产品也应该是与之相关的知识型产品（如图书、课程等）。

（6）短视频和直播类平台软文

短视频和直播类平台软文是指以抖音、快手、微信视频号、小红书和点淘等短视频和直播类平台为载体发布的软文。随着短视频和直播类平台用户规模的爆发式增长，其影响力的日益增强，越来越多企业和商家转战短视频和直播类平台，以获取更多的流量和用户。这就要求软文撰写者反复推敲提炼营销话术，快速吸引并留住用户，最终实现产品销售转化的目标。

1.2 认识软文营销

随着信息化时代的来临，用户的阅读习惯及方式发生了很大的改变。用户对电视、报纸、杂志等传统媒体平台上硬广告的关注度下降，致使这类广告的实际营销效果变得不太理想。因此，企业开始寻求性价比高、互动性强的新营销方式，软文营销应运而生。企业通过发布软文为用户提供有价值信息的同时，无形之中将企业的品牌或产品融入其中，潜移默化地给用户留下深刻印象，获取用户认同和信任，最终实现企业利益的最大化。

1.2.1 软文营销的定义

软文营销是指通过软文的调研、策划、撰写、投放及传播，最终达成品牌宣传或产品交易等目标的营销行为及方式。软文营销是企业软性渗透的商业策略在广告上的实现，是生命力很强的一种广告形式。企业软文策划人员或广告策划人员针对企业营销的策略，结合企业的产品或服务等方面需要宣传的信息，通过撰写一些具有技巧性、实战性的文章，吸引用户的注意；在给用户提供他们所需要的"精神食粮"的同时，也把企业的品牌及理念深深地烙印在用户的心中，从而达到软文营销的目的。

1.2.2 新媒体软文营销的三个特征

软文伴随各类媒体而生，从报纸和杂志等传统媒体，到PC端的门户网站和新闻媒体，再到现在的移动端新媒体，软文无处不见。软文营销以其成本低、传播途径广、说服力强、宣传效果好等特点受到越来越多企业和广告主的青睐。软文营销在新媒体时代表现出以下三个特征。

1. 形式多样化

以往以报纸、杂志为主的传统媒体的软文更多偏重于新闻通稿类的软文，其表现形式相对单一。大部分传统的新闻通稿类软文，其本质仍是以社会的新闻热点为主要内容，而以不是品牌或产品为主要内容。如今，软文的内容变得更加丰富，不再拘泥于单一的内容：从门户网络新闻到自媒体平台故事类或评论类文章，再到百度知道、头条问答、知乎等平台问答类文章，以及抖音、快手、微信视频号、小红书和点淘等热门的短视频和直播类平台的推介话术；从新闻报道、街头采访和人物专访，到娱乐幽默、美食探店，再到产品试用评测、知识技能分享等。新媒体时代的软文主要是为宣传品牌和推广产品而服务的，因此，其形式会根据媒体和平台的特色进行变化和调整。

2. 语言网络化

网络化语言是伴随着网络的发展而兴起的一种语言形式。它以简洁生动的形式、幽默风趣的表达，获得广大网友的青睐。在软文写作中适当地运用网络化语言，可以使软文内容更贴近网络化生活，同时也更具趣味性，有助于与年轻用户建立沟通，吸引年轻用户的关注。此外，由于网络化语言往往伴随着热点话题或热门事件出现，如果软文能以热点话题或热门事件衍生出来的网络化语言作为关键词或切入点，则能大大地促进软文的传播。因此，这就要求软文撰写者做好目标用户的调研和分析，根据用户主流爱好合理地配置和使用网络热门关键词，充分发挥网络化语言对软文推广和品牌宣传的促进作用。

3. 投放精准化

基于新媒体环境下海量的用户数据，企业在投放软文时，可以通过大数据对用户的性别、年龄、兴趣、地理位置等因素进行细分，用最短的时间精准地找到潜在的目标用户，进而向目标用户投放个性化定制的广告内容，从而最大限度地提高广告曝光率及转化率，增强软文营销的传播效果。

课后习题

1　简述狭义软文与广义软文的区别。

2　简述新媒体软文与传统软文的区别。

3　简述常见的按营销目的划分的软文类型。

4　简述新媒体软文营销的三个特征。

CHAPTER 02

第 2 章
软文营销的整体设计和具体应用

学习目标

➤ 熟悉设计软文营销全流程的五大步骤。

➤ 掌握写出热门软文的五大要点。

➤ 了解软文灵感的三大来源。

素养目标

➤ 坚持以人为本的理念，以用户为中心，设身处地为用户考虑。

➤ 弘扬诚信文化，在软文营销中拒绝夸大、虚假广告宣传。

➤ 培养创新意识，提升自身的创造性思维能力和创意表达能力。

在数字化媒体盛行的时代，软文营销作为企业最行之有效的推广方式之一，想要达到获取客户、提升品牌知名度、增加产品销量等预期的营销效果，就要求企业营销负责人具备完备的软文营销思路。本章首先介绍设计软文营销全流程的五大步骤，再以此为基础深入讲解软文写作的具体方法等。

2.1 设计软文营销全流程的五大步骤

大部分软文营销新手接到工作任务后会直接开始写作，而忽略了厘清软文营销整体思路的重要性。与软文推广不同，软文营销具备完整的营销策划流程，包括软文营销调研→软文营销策划→软文写作→软文投放→软文营销效果评估五个步骤。

2.1.1 软文营销调研

软文营销调研是指系统客观地收集、整理和分析市场营销活动的各种资料或数据，用以帮助营销管理人员制定有效的市场营销决策。软文营销调研主要从以下三个方面着手。

1. 企业内部调研

企业内部调研是软文营销调研的第一个环节。通过对企业及其产品或服务进行系统分析、整体评价，企业可以准确掌握自身的竞争优势，深入挖掘凸显企业产品或服务的题材，为软文写作做准备。

企业内部调研内容主要包括以下十个方面。

① 企业经营范围：企业经营何种产品或服务。

② 企业产品（服务）价值：企业的产品或服务能为客户提供何种价值。

③ 企业荣誉和资质：企业获得过哪些值得骄傲的成绩。

④ 企业盈利模式：企业在经营过程中通过何种方式获取利润。

⑤ 企业年营业额：企业每年经营产品或服务所获得的总收入。

⑥ 企业创建史：企业突破障碍、历经改革而创建和发展的历史。

⑦ 创始人故事：企业创始人励志的或有情怀的创业故事。

⑧ 企业文化：企业或企业员工在从事日常经营活动中所秉持的精神及价值观。

⑨ 企业公益活动：企业曾参与或举办过的回馈社会的公益活动。

⑩ 企业生产及办公环境：直接或间接影响企业产品或服务生产、员工办公的人文及自然环境因素。

2. 企业外部调研

企业外部调研要求全面了解企业外部市场及竞争对手的情况，主要包括企业所在行业的发展情况及行业特点、行业排名前三的企业分析、竞争对手分析等内容。

其中，竞争对手分析是企业外部调研较为关键的内容。研究竞争对手的软文营销策略、软文选题方向、软文写作方法、软文投放平台及效果等，做到知己知彼，优势借鉴，从而找到适合企业自身软文营销的方法。

例如，某手机品牌需对其新推出的手机产品开展软文营销，营销管理人员可以分两步完成竞争对手分析。第一，找出该款手机的竞争对手，即同等价位或同等配置的其他品牌手机；第二，在网上检索这些竞争机型的软文，或直接在品牌的官方网站、官方微博及微信公众号上查看，研究其推广软文主要宣传手机哪些方面的特性，运用何种方法撰写软文，以及软文主要投放平台和效果等方面的内容。

> **课堂讨论**
>
> 如果需要查找搜集竞争对手的软文，除了下列方式，你还会采用哪些方式？
> 1. 通过百度搜索品牌关键词。
> 2. 在官方网站、微博、微信公众号等进行查找。
> 3. 在各大媒体上进行搜集。

3. 第三方调研

企业客户群的主要特征、行为习惯，企业客户评价，以及企业合作伙伴等都是第三方调研所需要收集、分析的数据。这对软文写作的选题及投放平台的选择起决定性的作用。

① 企业客户群的主要特征：企业核心客户群及潜在目标客户群的主要特征，包括客户群的年龄、性别、职业、兴趣爱好等特征。

② 企业客户群的行为习惯：主要包括客户群的消费习惯及消费心理，以及客户群的行为偏好，如客户群经常浏览的网站及使用的软件等。

③ 企业客户评价：企业客户对曾购买的企业产品或服务做出何种评价，即在客户眼中企业的产品或服务让其满意及需要改进的地方都有哪些。

④ 企业合作伙伴：寻找能够促进企业产品或服务销售的合作伙伴。这些合作伙伴既可能成为企业软文联合营销的合作对象，又可能成为企业招商软文的推广对象。

2.1.2 软文营销策划

软文营销策划是指企业的市场营销人员或广告公司的文案人员根据企业产品或服务特征，结合企业经营管理过程中各个阶段的具体情况，以及当前及未来一段时间的市场需求变化趋势和营销目标而制订的软文营销计划。企业软文营销策划的要点主要分为以下三点。

1．软文营销的行动目标

软文营销的行动目标是指企业通过软文营销要实现的目标。企业经营的不同阶段，其软文营销需实现的目标也会相应地进行调整。一般来说，企业软文营销的目标主要分为强化品牌建设、拉动产品或服务销售、宣传推广活动、回应竞争对手的策略及配合企业重大战略部署。如需实现多个目标，则须对目标进行优先级排序，逐一实现目标。

2．明确软文营销的实施策略

软文营销的实施策略指根据企业的软文营销总费用预算制订软文投放的实施计划，计划内容主要包括软文投放平台、投放数量、投放时间及对应的费用预算等。

3．明确软文的写作角度

根据已明确的行动目标及实施策略，进一步确定软文的写作角度，即围绕具体的行动目标、投放平台等软文营销策划要素拆解出多个不同的写作角度，并根据费用预算调整投放平台及数量，最终筛选出最合适的写作角度。

企业的市场营销人员或广告公司的文案人员进行软文营销策划时，可把策划要素制作成表格，以便记录及自行检查，如表 2-1 所示。

表 2-1　软文营销策划要素

策划要素	具体内容
行动目标	
投放平台	
投放数量	
投放时间	
费用预算	
写作角度	

2.1.3　软文写作

软文写作主要分为标题的提炼、内容的布局、结尾的撰写、广告的自然植入以及金句的提炼等几个方面。此外，还需从目标用户的角度出发，充分考虑软文的故事性、传播性和说服性。语言风格要精简扼要，通俗易懂；切忌长篇大论，夸大其词。这几部分的具体写作方法和技巧将会在 2.2 节中详细介绍。

2.1.4　软文投放

软文投放是企业软文营销的关键环节。只有科学合理地选择媒体组合进行软文投放，才能让软文营销达到事半功倍的效果。因此，企业应根据各个媒体的平台特点、影响力分析和目标用户的阅读习惯，有针对性地选择合适的投放平台及投放时间。

1．确定软文投放媒体组合

企业在选择软文投放平台时，要先确定企业品牌的目标用户，选择符合企业品牌调性及与目标用户阅读偏好相匹配的媒体平台。为进一步扩大软文的覆盖面，企业还需整合不同的平面及网络媒体传播优势，实现传播效果最大化，以确保软文的到达率及转化率。具体的软文投放的媒体组合策略将会在 5.1 节详细介绍。

2．软文投放前的自检

在确定好软文的目标用户及软文的投放媒体组合后，需要重新检查软文，具体需要检查以下内容。

① 行动目标：软文是否植入行动目标。

② 标题：标题是否融入关键词，能否吸引人阅读。

③ 连贯：软文内容是否上下连贯。

④ 关键词密度：软文植入的关键词密度是否合理（同一关键词出现一般不超过5 次）。

⑤ 配图：软文配图是否与内容相符，是否存在法律风险。

⑥ 结尾：软文结尾是否恰当自然。

⑦ 超链接：软文中的超链接是否准确无误。

⑧ 错别字：软文中是否存在错别字。

⑨ 名称：软文中涉及的地名、人名、企业或组织机构名称、品牌或产品名称等是否正确。

⑩ 标点：软文中的标点符号是否正确。

⑪ 逻辑关系：软文内容的逻辑关系是否合理。

2.1.5　软文营销效果评估

软文营销效果评估是指对软文营销达到既定目标程度的评定。由于软文营销的行动目标不同，其效果评估的侧重点也会有所不同。例如，以品牌传播与推广为行动目标的软文，其效果评估则以软文的阅读量及转载率为考核指标；以拉动产品或服务的销售为主要行动目标的软文，产品或服务的销量则是评估软文效果的主要考核指标。具体软文效果评估的方法详见 5.2 节。

2.2　写出热门软文的五大要点

对软文而言，主题是灵魂，结构是身体。而软文的结构由标题、内容布局、结尾三大部分组成。在此基础上，还可辅以金句，对主题进行强调、升华，这如同人佩戴用以装饰点缀的饰品。除此之外，软文的故事性、传播性如同华丽的外衣，能够让用户耳目一新或给用户留下深刻的印象，让用户在浏览软文时更容易接受文中包含的推广信息。

2.2.1　软文标题写作的三大原则

《如何让你的广告赚大钱》的作者约翰·卡普斯曾说过："标题写得好，几乎就是广告成功的保证。相反，就算是最厉害的文案写手，也救不了一则标题太差的广告。"一个好的软文标题能让软文在众多信息中脱颖而出，迅速抓住用户眼球，吸引用户查看。一旦用户查看软文内容，软文营销的目的就达成了一半。撰写一个优质的软文标题应遵循以下三大原则。

1. 关键词原则

考虑到软文投放后可能带来的长期搜索流量，对于软文标题，需要有意识地进行关键词设置。关键词主要分为网络热门的关键词和软文内容本身的关键词。

（1）网络热门的关键词

网络热门的关键词是指当下网民所关注的热点话题或热门事件衍生出来的关键词。

（2）软文内容本身的关键词

软文内容本身的关键词是指推广品牌的名称或能表达产品卖点的关键词，或是能体现软文中心主旨的关键词。

企业可以根据具体的需求，选取合适的网络热门的关键词与软文内容本身的关键词，并将两者进行配置组合。如软文《雷军宣布重磅消息，张颂文成为小米 13 Ultra 的代言人》，其标题设置了"雷军""张颂文""小米 13 Ultra"这三个关键词，这让软文比只设置"小米 13 Ultra"这一个关键词更容易被搜索到。此外，在设置关键词组合标题的时候，还要考虑关键词的相关性及用户的搜索习惯，即考虑用户是否会将这些相关的关键词组合起来进行搜索。

2. 吸引力原则

《文案训练手册》的作者约瑟夫·休格曼曾说过："广告里的所有元素首先都是

为了一个目的而存在的：使用户阅读这篇文案的第一句话——仅此而已。"也就是说，标题存在的首要任务就是要获取用户的注意，引领用户打开文章阅读第一句话。因此，这就要求标题从目标用户的角度出发，围绕目标用户的关注点撰写，以获取更多的点击量。

例如，某篇软文的推广对象是新手妈妈用户，标题为"10个专业早教小游戏，让宝宝快人一步"的软文就更容易获得妈妈们的注意；而关注绘画和心理学的用户则更容易注意到"巴尔蒂斯：我一直在我的画里确认自我"这样的标题。此外，标题的撰写方法还可从以"新"馋人，以"悬"引人，以"险"惊人，以"秘"迷人，以"稀"动人，以"事"感人等角度切入。

3. 精简性原则

标题往往体现了一篇软文的核心思想和内容，因此，在写软文标题前，首先要明确软文是要对谁说、说什么及想要达到什么样的转化目标。针对不同的目标用户，突出不同的软文主题及核心卖点。

在信息超载的媒体环境中，用户的注意力被大量分散，用精简的语言清晰地表达重点才更能抓住用户的眼球。软文标题主打的卖点不宜超过两个，字数（含标点符号）不宜超过30个字。此外，由于用户在不同阶段搜索产品时使用的关键词也有所不同，所以软文的标题也要根据用户在不同阶段所使用的搜索词和需求来进行调整，这样才能达到精准有效的软文营销效果。

2.2.2 写作软文标题的 11 种方法

软文标题的写作方法有很多种，总结起来，主要有以下几种。

1. 新闻式：建立用户信任

新闻式标题是指在标题中准确清楚地描述时间、地点、人物、事件等基本要素。相比向用户展示简单、直接、粗暴的销售广告标题，新闻式标题采取从第三者的角度报道的形式，更容易被用户接受；用户从关注新闻资讯的角度去阅读，也更容易建立信任感。

新闻式标题重在准确地传达信息，主要由以下要素组成："时间＋地点＋事件"或"人物＋时间（地点）＋事件"。

案例如下。

（1）12月24日龙湖成都蜀新天街盛大开业，全场时尚零售商品2折起

时间：12月24日。

地点：龙湖成都蜀新天街。

事件：全场时尚零售商品 2 折起。

（2）长白山度假区软文：中巡长白山赛本周开战，民族自有品牌赛事成效初显

时间：本周。

地点：长白山。

事件：中巡长白山赛开战。

（3）梅西首秀球票今日开售，半小时就售罄

人物：梅西。

时间：今日。

事件：首秀球票开售，半小时就售罄。

2．盘点式：解决用户麻烦

"干货"盘点、经验分享类软文本身就自带流量，容易得到用户青睐。因为用户觉得可以根据作者的经验总结和分享快速地获取一些信息、技能，并可以少走些弯路。如果能在标题上善用数字概括，强调文章内容的实用性，让用户觉得内容聚焦、有价值，能够帮助他们省时省事、解决麻烦，就容易增加软文的阅读量、收藏量和转发量。

盘点式标题主要由以下要素组成："数字＋品类／知识技巧＋好处"。

案例如下。

（1）7 月份即将上市的 8 款重磅新车，最后一款性价比更高

数字：8 款。

品类：新车。

好处：找到一款高性价比的新车。

（2）12 款国庆出游的必备旅行好物，实用轻便无负担

数字：12 款。

品类：旅行好物。

好处：实用、轻便、无负担。

（3）搞定短视频拍摄的 10 个方法

数字：10 个。

知识技巧：短视频拍摄的方法。

好处：搞定短视频拍摄。

（4）上班人员的理财选择，5 个理财小技巧，教你摆脱"月光"

数字：5 个。

知识技巧：理财小技巧。

好处：摆脱"月光"。

3．借力式：发挥热点效应

借力式标题将时下的热门事件和知名人物的热门话题植入软文的标题中，充分发挥热点效应，有利于增强标题对用户的吸引力，让软文在众多的信息中脱颖而出。

借力式标题主要由以下要素组成："热点事件 / 知名人物 + 广告对象"。

案例如下。

（1）电影《长安三万里》上映 9 天，票房破 6 亿元，用诗歌传诵"中国式浪漫"

热点事件：电影《长安三万里》上映 9 天，票房破 6 亿元。

广告对象：电影《长安三万里》。

（2）徕卡 CEO 亲自拜访雷军，为小米 13 Ultra 打出满分

知名人物：徕卡 CEO、雷军。

广告对象：小米 13 Ultra。

（3）从农民的儿子到大学生，从老师到主播大火，董宇辉被邀请登上央视网《青春大课》栏目讲述他的青春成长故事

知名人物：董宇辉。

广告对象：央视网《青春大课》栏目。

4．绑定式：绑定用户关注

绑定式标题通过绑定用户的关注圈来吸引关注。因为相比其他信息，用户更关心与自身息息相关的信息。在标题中加入与用户自身描述相符的标签，如地域、年龄、性别、收入、职业等，能让用户从众多信息中一眼识别出来，在最短时间内吸引其注意力，提升代入感。而通过绑定用户关注的话题，如热门话题、知名人物、长期兴趣、切身利益、正在进行的任务等，能增强信息对用户的吸引力，从而大大提升文章的点击量。

绑定式标题主要由以下要素组成："符合用户的身份标签 + 关注的话题"。

案例如下。

（1）月入 2.5 万元北漂家庭如何理财实现 3 年生娃 5 年买房

身份标签：月入 2.5 万元北漂家庭。

关注话题：3 年生娃 5 年买房。

（2）有房一族需注意，5 月起，许多房屋买卖可能要加税了

身份标签：有房一族。

关注话题：房屋买卖可能要加税。

（3）深圳想要买车的人为什么要等到 7 月，看完这篇文章你就知道了

身份标签：深圳想买车的人。

关注话题：什么时候买车比较好。

5. 悬念式：吸引用户眼球

悬念式标题通过在标题中将正文中最吸引人眼球的内容或细节提取出来，放到标题中提前进行暗示，或把事件的经过描述出来但不告知结果，抑或是直接说出一个令人惊讶的结论但又不告知原因或过程，刻意营造悬念和制造疑问，让用户产生猎奇的心理，想要立刻一探究竟。

悬念式标题主要有两种表现形式：一种是反常或好奇型悬念标题，句式是"反常或令人好奇的内容 + 疑问"；另一种是提醒型悬念标题，句式是"警惕性词语 + 具体悬疑的内容"。

案例如下。

（1）反常型：水果也有副作用，这 5 种水果不是所有人都能吃的

反常内容：水果也有副作用。

疑问：哪 5 种水果不是所有人都能吃的？

（2）好奇型：出手即大火，康师傅你是怎么做到的

令人好奇的内容：出手即大火。

疑问：怎么做到的。

（3）提醒型：当心！双脚是全身健康的放大镜，出现这 7 个症状千万别忽视

警惕性词语：当心、千万别忽视。

具体悬疑的内容：双脚出现 7 种症状。

软文标题中设置提醒型悬念要十分慎重。要控制唤起恐惧的程度，不宜过低也不宜过高，过低无法吸引用户阅读，过高用户会逃避而不是选择面对恐惧。所以，只有从自身产品或服务出发，科学地设置悬念，提醒用户某些危险可能发生，并让用户意识到该产品或服务能真正地帮助他们消除恐惧。

6. 对比式：唤起用户痛点

对比式标题利用了用户不想落后于人的心理，"我无人有，我有人优"的状态特别容易激发行动。对比式标题常用的表现形式是："自己还在做 A 事件，别人已经在做 B 事件"；而"B 事件与 A 事件相比，具有领先性、优越性"。

案例如下。

（1）你还在微信聊天？他们都用手机学英语

句型：你还在……他们都……

A 事件：微信聊天。

B 事件：用手机学英语。

（2）还在担心自己的工作被 AI 取代？别人已经用它将工作效率提升了 20%

句型：还在……别人已经……

A 事件：担心自己的工作被 AI 取代。

B 事件：用 AI 将工作效率提升了 20%。

练一练

阅读以下标题，找到标题中所运用的关键要素。

1. 盘点式标题：掌握这 10 个 AI 必备工具合集，零基础也能玩转 AI

数字：

知识技巧：

好处：

2. 绑定式标题：快收下这份职场新人必备指南，能帮助你解决 90% 的工作难题

身份标签：

关注话题：

3. 借力式标题：2023 北京半程马拉松，你不知道的跑鞋数据在这里

热点事件：

广告类别：

4. 悬念式标题：她靠直播卖书，5 个月销售额达 1 亿元，究竟是怎么做到的

令人好奇的内容：

疑问：

7. 提示式：提醒用户注意

人类的应激反应使得人类对于周遭环境的变化非常敏感，因此如果在标题中设置与用户息息相关的外界变化的通知和提示，就更容易引起用户的关注。提示式标题往往会使用"注意""开始""今天""新消息""新资讯"等词语提醒用户注意，催促用户采取相应的行动。

提示式标题主要有两种表现形式：一种是"目标群体 + 提示性词语 + 具体提示的内容"；另一种是直接省略对目标群体的描述，即"提示性词语 + 具体提示的

内容"。

案例如下。

（1）春节回家的小伙伴注意，下周四可买春运火车票了（附实票攻略）

目标群体：春节回家的小伙伴。

提示性词语：注意。

具体提示的内容：下周四可买春运火车票了。

（2）银行将开始清理这些卡！有长期不用的银行卡的人需要注意

目标群体：有长期不用的银行卡的人。

提示性词语：开始注意。

具体提示的内容：银行将清理某些银行卡。

（3）高考今天可查分！填志愿这几个流程一定要清楚

被省略的目标群体：高考查分的学生或家长。

提示性词语：今天。

具体提示的内容：高考可查分及填志愿应注意的流程。

8. 秘闻式：激发用户好奇心

人类天生喜欢探究未知事物，会对好奇的、感兴趣的事物刨根问底。在标题中利用人类这一天性，往往容易引起用户的关注。这类标题常用的关键词有"揭秘""内幕""真相"等。如能在标题中告知用户这是大部分人都不知道的秘密，或是在标题中加入行业机构或专业人士，如"央视""航空公司""医生"等，就能增强标题的吸引力，促使用户阅读。但需要注意的是，标题不能故弄玄虚、虚假宣传。

秘闻式标题主要由以下要素组成："前缀＋秘闻内容＋后缀"，如"前缀（行业机构／专业人士）＋秘闻式关键词＋后缀（秘闻式句子）"。

案例如下。

（1）央视揭秘"高额信用卡"骗局，已有 6000 多人受骗

前缀：央视＋揭秘。

秘闻内容："高额信用卡"骗局。

后缀：已有 6000 多人受骗。

（2）航空公司不会告诉你，在这儿订机票低至 1 折，90% 的人都不知道

前缀：航空公司＋不会告诉你。

秘闻内容：在这儿订机票低至 1 折。

后缀：90% 的人都不知道。

9．互补式：促使用户行动

互补式标题是指在标题中告诉用户过去使用的某种产品并没有发挥出它100%的功效，并告知用户给该产品搭配一些互补性的产品，会使原有的产品发挥更好的效果，从而促使用户行动。

互补式标题主要由以下要素组成："在A中加入／配上B+对更佳效果的描述"，其中A代表的是用户已购买的产品，B代表推荐的互补性产品。此外，B还可以用"它"替代具体的产品名称，让用户产生好奇心理，从而促进其阅读。

案例如下。

（1）很少有人知道，在BB霜里面加入它，贴妆效果翻倍

句型：在……里面加入（它）……效果翻倍。

A产品：BB霜。

B产品：用"它"替代具体名称。

（2）苦恼自己头屑多？在洗发水里加入它，去头屑效果显著

句型：在……里加入（它）……效果显著。

A产品：洗发水。

B产品：用"它"替代具体名称。

（3）枸杞配上此物一起泡水喝，效果更佳

句型：……配上（此物）……效果更佳。

A产品：枸杞。

B产品：用"此物"替代具体名称。

10．向往式：制造心理向往

向往式标题是指在标题中向用户描述一个他们很想达到却很难达到的目标，告知他们现在有方法可以帮助他们达到理想中的目标，让他们成为想要成为的人。激发他们内心的渴望和向往，促使他们完成购买。

向往式标题主要由以下要素组成："向往事件＋如何达成"。

案例如下。

（1）跟五星级大厨学会这几道拿手菜，你也可以做出让宾客们赞不绝口的年夜饭

句型：……你也可以……

向往事件：做出让宾客们赞不绝口的年夜饭。

如何达成：跟五星级大厨学会这几道拿手菜。

（2）羡慕那些多才多艺的"斜杠青年"？学会这几招你也可以

句型：……你也可以。

向往事件：成为多才多艺的"斜杠青年"。

如何达成：学会这几招。

11. 故事式：拉近与用户的距离

故事式的标题对用户更具吸引力。将内容中最能吸引眼球的转折点、最励志或最有情怀的故事细节提取到标题中，让用户深受感染，想要进一步了解作者成功背后的历程和成功经验，从而促使用户阅读。

故事式标题主要有三种表现形式：第一种是成功型的故事标题，句式是"过去的辛酸 + 现在的成功"；第二种是情怀型的故事标题，句式是"付出很多或放弃很多时间 / 金钱去做一件事"；第三种是将前两种句式结合的混合型故事标题。

案例如下。

（1）成功型：从出身大户人家到随母乞讨，从跑龙套到金像奖影后，该演员凭借一身傲骨活出专属于自己的传奇

过去的辛酸：随母乞讨、跑龙套。

现在的成功：金像奖影后。

（2）情怀型："90 后"浙江小伙放弃高薪工作，为圆梦选择去乡村开民宿

情怀事件：放弃高薪工作去乡村开民宿圆梦。

（3）混合型：从公司濒临倒闭到年收入 15 亿日元，20 年来他把一碗米饭做到极致

过去的辛酸：公司濒临倒闭。

现在的成功：年收入 15 亿日元。

情怀事件：20 年来他把一碗米饭做到极致。

练一练

　　请你从以上 12 种标题中任选 5 种，对以下标题进行优化改写，并使每个标题尽可能属于不同的类别。

序号	原标题	优化后的标题
1	猎聘网：专业人才求职招聘平台	
2	苏宁易购：在这里买水果比超市便宜一半	
3	2023 年全国中高考生免费及优惠景点大盘点	
4	用这个 App 买家具，能比在店里买省一半	
5	腾讯视频 VIP 买一年送一年	

2.2.3 软文内容布局的五大模板

软文标题决定了用户对软文的第一印象，决定了用户是否会打开文章进行阅读；而软文的正文则直接影响转化。软文在写法上千变万化，但其写作方法还是有规律可循的。下面总结了软文写作常见的五种模板，具体选用何种模板来撰写软文，要根据不同的产品进行调整。如果推广的产品不属于创新型产品，则可能要选择更贴近用户的模板，如痛点式、悬念式，通过刺激痛点和增强代入感来促使用户行动。反之，如果推广的产品存在一个普遍动机，就应该选择更贴近产品的模板，如并列式、演绎式和体验式，清晰全面地阐述产品的卖点，理性地说服用户行动。

1．并列式：让卖点更清晰

并列式正文布局指正文的各部分是平行又相互独立的，同时又为说明中心论点服务。并列式正文布局的优势在于能更清晰全面地把产品或服务的卖点阐述清楚，这有利于增强用户的信任。并列式正文布局主要围绕一个中心论点，并列阐述若干个分论点和论据进行论证，具体案例如表 2-2 所示。

表 2-2　并列式正文布局案例

结构	软文案例	案例分析
标题	一直火爆还热度不减的 ××× 鸭屎香，到底香在哪儿	
开头	不知不觉今年已经是 ×××"鸭屎香"系列诞生的第 5 个年头啦，作为第一个用"凤凰单丛鸭屎香乌龙茶"做茶饮的品牌，从 2018 年推出一直爆火到现在，其秘诀到底是什么	开篇直接引出对"一直火爆的 ××× 鸭屎香，到底香在哪儿"问题的探讨
正文	××× 茶饮品牌将凤凰单丛茶中的典型代表"鸭屎香"，与香水柠檬结合，创造了新派柠檬茶，"鸭屎香柠檬茶"出道即一举颠覆大众对传统柠檬茶的认知。…… **首先，层层筛选，保证品质。** 用 19 道独家古法制茶工艺，从茶的采摘、制茶再到成品茶，××× 茶饮品牌都有自己研发的一整套高标准定制工序…… **其次，杯杯鲜萃，最大限度提取茶香。** 在出品方面，××× 茶饮品牌坚持做到杯杯鲜萃，每杯的茶叶只使用一次…… **此外，细节把控到位，追求极致体验。** 到过 ××× 茶饮品牌门店下单的消费者知道，线下 ××× 茶饮品牌提供了出品试喝服务…… 从产品质量、细节服务到细节体验，××× 茶饮品牌在每一道工序、每一个环节上体现出的高标准、高要求和高坚持，或许才是其鸭屎香系列饮品即便被同行模仿，仍能保持市场竞争力的主要原因	围绕"一直火爆的 ××× 鸭屎香，到底香在哪儿"问题提出 3 个分论点进行阐述论证
结尾	××× 茶饮品牌"鸭屎香系列"每一款都力争使用新鲜的食材，运用极其考究的工艺，与鸭屎香做到完美融合。 …… 说出你喜欢喝 ××× 鸭屎香的理由：上小红书，带话题"××× 鸭屎香真的香"发布笔记，说出"喜欢喝 ××× 鸭屎香的理由"。6 月每周将筛选 10 篇符合要求的笔记，送出每人 2 张鸭屎香系列饮品券 ……	总结全文，表明产品畅销，亮出产品活动广告

2．演绎式：让说服更有力

演绎式正文布局指软文通过严谨的逻辑铺排，引导用户步步深入，顺应文中内容，循序渐进地得出作者想要告知用户的推理结论。内容步步铺排、论证层层递进的演绎式正文布局，让用户能更深入地了解产品，慢慢接受作者想要传达给他们的品牌理念，从而产生行动。

演绎式正文布局要求有严谨的逻辑结构，其主要的表现形式是针对一个现象或问题，通过抽丝剥茧、层层递进的论述方式，带领用户找到答案，具体案例如表 2-3 所示。

表 2-3　演绎式正文布局案例

结构	软文案例	案例分析
标题	×××：AI 时代，职场人如何建立不可替代的竞争力	
开头	你好，我是 ×××。 前两天一位 ×× 的同学问我："× 姐，当 AI 可以在这么大程度上替代人的时候，人的价值、人的竞争力在什么地方？"我告诉他，其实我们每个人都有非常关键的不可替代的竞争力，这个竞争力简单来说叫作"你是个人"。 …… 所以，我们要重新理解怎么在职场奋斗，重新定位每个发展阶段所面对的考验，才能取得我们想要的成就	开篇从一个同学的问题引出全文对"职场人如何建立不可替代的竞争力"的问题的探讨
正文	**职场发展的四个重要阶段** 我们从毕业来到社会上，成为一个社会人，成为一个职场人，经常需要不断地试错、摔跤。甚至有的人不幸摔得鼻青脸肿，付出惨痛的代价。 也有一部分人能在这个过程当中吸取教训，知道这儿有个坑，那儿是一条弯路，这个地方我下次得避开，不能犯重复的错误。 …… 职场奋斗这最重要的 15 年，它背后的规律可不可以破解？我们是否可以避开前面无数人犯过的错误，一次性就做对？ 为了破解这个难题，我们把职场发展分为四个重要的阶段。 **第一个阶段叫作成为优秀的人，从"大多数"变成"前 20%"。** …… **第二个阶段叫作职场冲锋点。** …… **第三个阶段叫作管理转身。** …… **最后进入第四个阶段，叫作职场突破。** …… 好，以上我们说的是职场发展必须经历的四个阶段，以及每个阶段我们要面临的考题。接下来我们来具体说一说，在每个阶段应该如何破局。 **在这四个阶段如何破局** **第一个阶段：优秀关** 其实在第一阶段，组织和环境对你的要求非常简单，就是靠谱。什么是靠谱？就是交付确定性。你在组织链条中，是一个稳定的、确定的环节，这就够了。 …… 你要相信，只要你通过面试，进了这家公司，你的基础技能就是合格的。你离别人心目中的优秀，其实只差沟通。 **向前一步，不走弯路。用沟通，让你通关职场第一关。**	通过层层递进的论述方式重新定位职场发展的四个重要阶段所面临的考验以及每个阶段破局的方法

续表

结构	软文案例	案例分析
正文	**第二个阶段：高潜关** 到这一阶段，你就发现，除了要表现出"靠谱"之外，你还得具备一定管理能力和拓展能力。 …… **第三个阶段：管理转身** 对一个员工来说，怕的是你已经成为一个职场人，但是还带着学生思维；而对一个管理者来说，怕的是你今天已经是个管理者了，你却带着员工思维。 …… **第四个阶段：职场突破** 当你成为一个独当一面的中高层之后，必须掌握一些复杂的管理手段，我们也有一个针对中高层的口诀，叫作"摸爬滚打，多快好省" ……	
结尾	在 2023 年，我们有决心要为每一位奋斗中的职场人点亮路上的 48 盏灯，请大家给我们这个机会，也非常感谢大家对我们的信任。让我们在这一年的时间里，帮大家把这 48 盏灯一盏一盏点亮，希望我们所有同学都能够更快、更早地走向自己的职场巅峰。 "××训练"为优秀员工、高潜员工、管理者、中高级管理者准备了四大重磅新品，助你用沟通掌握职场主动权。点击下方图片了解详情，并领取为你准备的奖学金	引出广告，告知用户以下产品能够帮助他们在职场发展的四个阶段完成破局并获得竞争力

3. 悬念式：让产品更具黏性

所谓悬念式正文布局，是指通过设置疑团引起用户的好奇心，让用户迫切地想要往下阅读找到答案，即把文章中最吸引人的情节前置设疑，然后在正文部分层层铺垫，慢慢解开谜题。

这类软文的主要表现形式是抛出一个让人感到惊讶或好奇的事件起因，不告知其结果，通过层层递进、一环扣一环的方式解开谜题，具体案例如表 2-4 所示。

表 2-4　悬念式正文布局案例

结构	软文案例	案例分析
标题	"卧底"收费 2 万元的社群，我发现了什么	
开头	大家好，我是 ××，今天来跟大家讲一讲我在 ×× 集团当"卧底"的经历	开篇点题
正文	😀 **好奇** 2020 年的夏天，带着一些迷茫和不确定，我来到××集团上班。 说实话，当初来这里的时候，我也不知道自己能待多久，很大一部分原因是大夏天的面试太热了，不想继续跑了，而这个公司看起来也算靠谱，毕竟一百多号人，公司占了两个大平层。 进入公司大半年后，我基本摸清了这个公司的业务，我们有几十元的书，有几百元的课，有上千元的训练营，有上万元的社群。 是的，你没听错，是上万元的社群。而且据我所知，这样的社群公司有好几个，最贵的竟然入群收费要两万元！ …… 更神奇的是，这个要花两万元才能进的群，据说很多人想进都进不去，这怕不是被骗了吧…… 我更加好奇了，不行，我一定要"潜"进这个群，搞清楚它是干什么的。	通过讲述好奇、潜水、"卧底"、加入、收获五个阶段的经历，循序渐进、层层铺垫地揭开社群的秘密，并告知用户这个收费 2 万元的社群具体的价值在哪里

结构	软文案例	案例分析
正文	🏊 潜水 日子一天一天过，我成为这个公司的一名图书编辑。 …… 在我编辑第四本书的时候，我试探性地跟我的领导申请，我能不能进那个收费两万元的群学习一下。 领导想了几秒，竟然同意了！但是领导说，在群里要好好学习，不要乱说话，群里不是"牛人"就是"大咖"。 终于，我进群了。一个 500 人的大群和一个 80 人的小群。这些人都是花了两万元进来的，而我免费就可以进来，想想还有点开心。 这到底是个什么群呢？群里成员都是干什么的？我把群置顶，做起了"卧底"。 😷 "卧底" "卧底"了半年后，我想我搞清楚了，这是一个写书群。 这些人花两万元进来，是为了学习写书，出版一本他们自己的书，群里的人都有一个成为畅销书作家的梦想。 **在这个群里，他们不仅学习写书的课程，还会参与"头脑风暴"，有时候是点评一本书的方向和题目，有时候是点评书的目录，有时候是试写书里的某一节内容。** **怎样的选题能够写成书，怎样的目录会吸引读者买，怎样的内容读者爱看，书上市后怎样做营销等。** 这都是我在群里免费得到的东西，这可比我自己闷头写书有用多了，我感觉打开了新世界的大门，这个"卧底"没白当。 **群里还会时不时传出好消息，谁签约出版社了，谁的新书出来了，谁的书登上榜单拿奖了。大家都会相互鼓励相互打气，相互直播"连麦"宣传各自的书。** 感觉有点牛啊，我懂这个群为啥值两万元了。 **在今年的当当影响力作家榜单中，这个群有十几位都上榜了，真没想到身边藏着这么多的"大牛"。** 😄 加入 我以为我会一直在群里做一个小透明。 然而就在今年年初，领导告诉我，让我进这个群里当导师。听到这个消息的时候，我有点知所措，我可以给这些很"贵"的人当导师吗？我能帮到他们吗？ 我领导很坚定地跟我说，可以。因为我已经写了很多书，而且评价都不错，这都是我比他们多出来的经验。 我很开心，我从一个"卧底"竟然成功升级为了导师！我开始了一路"升级打怪"的导师之旅。 …… 做导师的日子中，我得到了很多"大咖"的认可。 很快，我所指导的小组里的"大咖"就有三个成功签约了出版社，出书之路近在咫尺了，这是当时群里最快签约的三个人，这也给了我很大的激励。 🎁 收获 现在，我已经变成一个游刃有余的导师了。 …… 对于这段经历，我的收获是：很多时候，你的领导给你一个新任务，你千万不要觉得你没做过就拒绝、推诿，千万不要刚开始就打退堂鼓，这反而恰巧是你业务转型、成长的好机会，抓住了，你就能成为你以前不敢成为的那种人。 你觉得职场没有晋升机会，可能是你没有做出过超出本职工作难度以外的事情。 你永远当一个"螺丝"，那领导当然认为你只会"拧螺丝"。 我的"卧底"故事说到这里，就结束了。	

续表

结构	软文案例	案例分析
结尾	我想大家可能很好奇，两万元都花在哪儿了…… **如果大家对这个收费两万元的社群感兴趣，可以关注我们的写书私房课顾问，来群里一起玩耍，希望能在写书私房课与大家相遇**	在文末引出关于写书私房课的广告信息

4. 痛点式：让行动更果断

痛点式正文布局通过刺激用户的痛点，让用户对自己的现状产生不满或对将要发生的事情产生不安，从而引出想要推广产品或服务的卖点，给用户提供切实可行的解决方案，促使他们行动。痛点式正文布局主要的表现形式是：刺激用户痛点后，提供解决对策，引出产品推广，最终完成转化。具体案例如表 2-5 所示。

表 2-5　痛点式正文布局案例

结构	软文案例	案例分析
标题	**买房时可避免百万元损失的"干货"文章，二手房三大风险防范要点**	
开头	购房人在看房时，一定要着重考察这些事情。如果你自己或身边的朋友有购房计划的，也建议把这篇文章收藏或转发给他！	开篇点明目标用户，提醒收藏或转发
正文	**（一）考察"嫌恶设施"** 便民设施作为加分项，经纪人、业主都会向你主动讲解，你需要重点关注的是那些会减分的"嫌恶设施"：就是有可能影响你的居住品质，甚至让你的房产增值受阻的配套设施，如距离楼栋很近的高压线、垃圾处理厂、巨大噪声源等。 …… **×× 地产的风控办法如下。** ×× 地产在北京有 20000 名经纪人，会定期对上述信息做采集并录入我们称之为"楼盘字典"的一个巨大数据库中……通过"房源详情页"的"周边配套——嫌恶设施"频道进行公示，位置可以精确到楼栋。 **（二）考察房屋隐性瑕疵** 隐性瑕疵是那些不易被识别或信息获取难度比较大的瑕疵，以下几项是需要特别注意的。 **1. 房屋是否存在漏水状况。** …… **2. 了解房屋是否发生过"事故"。** …… **3. 考察房屋周边的电磁辐射。** …… **×× 地产的风控办法如下。** ×× 地产的经纪人会在接到委托后，在库内进行筛查（出于隐私保护方面的考虑，该信息库内的既存信息将不会在线上呈现）；×× 地产在 2013 年就已对北京城区范围内距居民区较近的高压线塔、变电设备进行检测，凡是附近有高压线的，店内都会准备检测报告。 …… **（三）考察中介公司、经纪人对风险的识别、控制能力** 二手房交易流程复杂且金额巨大，房屋中介公司作为专业机构，除了提供房屋交易信息以外，还要协助交易双方控制交易风险。在看房时由于和经纪人直接接触，消费者可以通过以下几个方面对该经纪人以及中介公司的风险控制能力进行考察。 **1. 看经纪人是否会要求做资金监管。** …… **2. 看中介是否有制式化的风险提示工具。** ……	通过一一列出买房时可能遇到的风险及解决措施，引出 ×× 地产针对这些风险采取的风控办法，进一步强调 ×× 地产的风控和监管能力，达到品牌宣传目的。

结构	软文案例	案例分析
结尾	××地产的风控办法如下。 在资金监管方面，××地产有严格的要求，资金监管比例即使在没有强制要求的地域，也已大于90%，远高于行业平均水平。 …… 此外，××地产还会通过书面的《房地产经纪服务事项告知书》来明确法律责任	通过介绍风控办法，帮助用户更好理解二手房风险防范要点

5. 体验式：直观展示卖点

体验式正文布局以用户或第三方的口吻，通过对消费及使用产品的过程体验进行描述，给用户提供真实客观的建议，同时植入推广产品的优点，进一步加深产品在用户心中的印象，让用户在不知不觉中接受产品并产生购买欲望。体验式正文布局的主要表现形式是：描述消费及使用产品的过程体验，客观地评论产品的优缺点，在与同类产品的比较中突出产品卖点并给出最终建议，完成产品促销、口碑引导等营销任务。具体案例如表2-6所示。

表2-6 体验式正文布局案例

结构	软文案例	案例分析
标题	**一个"口红控"的100支口红试色报告**	
开头	身为一个黄皮外加嘴唇颜色暗淡的人，我如果不涂口红，就会显得没有气色（身边的姐妹好多都是我这种情况），出门没有一支口红是不行的。 以下试色视频都是××在各种天气和环境下拍的，为了展现膏体颜色的真实效果，我对视频进行了后期颜色校正，所以肤色有的时候不统一，大家可以忽略这点。口红本来就是千人千色，所以大家只将其作为参考，还是希望大家亲自试下再购买。 另外为了选出100支口红，××特地找了20多个朋友进行盲测……	开篇以用户的口吻总结100支口红的使用情况并邀请第三方进行评测
正文	**第一组：正红色** 口红界的三支经典正红色口红——美国畅销的××、法国畅销的××、日本畅销的××都在这里了，到底哪个更经典？ 1. ××整体感觉是介于润和丝绒之间的，不油也不干。我对它的印象就是…… 2. ××，这个颜色太惊艳…… 3. ××，自带柔光灯效果…… 4. ××给人以热烈鲜艳的感觉…… 5. ××是××所有口红色号中…… 6. ××，是一支…… **第二组：水红色** 水红色是我特别推荐的颜色，因为其会添加一点粉色，让嘴唇看起来很嫩，没有正红色那样的正式感、严肃感，**非常适合日常涂抹**。 1. ××…… 2. ××…… 3. ××…… 4. ××……	按口红颜色分组，并阐述同一色系不同品牌产品的具体试用感受及使用场合建议

续表

结构	软文案例	案例分析
正文	第三组：珊瑚粉橘色 第四组：珊瑚橙色 第五组：橙红色 …… 第十三组：枚红色	
结尾	我们打扮是为了自己开心，表达自己的品位，不管你钟爱的是"大女主色"还是"少女粉"，都是为了表达自己的生活态度，而不是为了取悦别人。 最后一组是我觉得每个女孩都可以入手的××系列试色。 以下是我平时用到的唇部护理产品：××唇油，其实它是淡淡的粉红色	通过提供真实客观的建议植入推广的口红产品以及相关唇部护理产品

2.2.4 软文结尾的四大类型

　　软文结尾的目的是呼应开头、总结全文和突出主题。一篇优秀的软文除了要有引人入胜的开头和条理清晰的正文之外，具有巧妙有力的结尾也是至关重要的。以下总结了四种常见的软文结尾类型。

1. 首尾呼应式

　　总分总结构是软文写作最常见的结构之一，开篇提出总论点，正文提出若干分论点和论据进行分析，结尾再次对总论点进行总结。首尾呼应式的结尾能让文章脉络互相贯通，结构更加完整，也让文章的立意找到了落脚点。具体的首尾呼应式结尾案例如表2-7所示。

表2-7 首尾呼应式结尾案例

结构	软文案例	案例分析
标题	**女人想要的究竟是什么**	
开头	女人的一生会买很多东西，但只有少量能算得上是给自己的礼物。这些礼物，有的是为了犒赏，有的是为了庆祝，有的见证着自我的蜕变与成长。不论在什么年纪，都需要给自己一份最好的礼物	开篇点题：女人无论在什么年纪，都需要给自己一份最好的礼物
正文	（一） ××，是我在杂志社时的领导，进杂志社两年，就成了一名优秀的记者，30岁就成了最年轻的副主编。 上个月，她突然告诉我："我现在正申请当年最想去的商学院。35岁的生日礼物，我要送给自己一个全新的开始。" 放下令人羡慕的职位、稳定的收入，暂离亲密的家人，从零开始异国求学，这看似失去了很多，但没有不断挑战的勇气，就无法拥有更好的自己…… （二） 我身边还有一位创业的××姐姐，刚毕业时的她积蓄不多，但凭借着一腔热情……	通过不同的女性的故事，进一步论述"对自己的关爱就是女人给自己最好的礼物"这一观点

续表

结构	软文案例	案例分析
结尾	最美的女人，总是懂得把关爱留给自己，她们不依赖他人，不因别人对自己的看法而焦虑，她们纯粹地面对生活，面对自己。对自己的关爱，就是女人给自己最好的礼物。 不论是年轻时，追求真正的生活品质，并为将来可持续的品质生活投资，还是在人到中年的自我迷失中，能无所顾忌地重拾爱好，**都需要提前为自己准备一份保障**，免除烦恼，自由自在地追求更好的自己。就像才推出不久的"××××保险产品"，正成为众多女士给自己的礼物，它让女士们在人生的**每个阶段都能拥有品质生活的基础**，去做最好的自己。 ××××保险产品是××推出的30周年感恩回馈客户之作……保障人生每个阶段的品质生活。不论是为事业披星戴月的你，为家庭日夜操持的你，还是在寻梦的路上游历四方的你，每一位坚强独立的女性，都需要这份无微不至的保障为你们披荆斩棘的路遮风挡雨	首尾呼应，给出"不同年龄的女人都需要为自己一份保障，去追求更好的自己"的结论。最后引出保险产品的广告

2. 篇尾升华式

篇尾升华式的结尾是指软文开篇没有提出明确的主旨，在结尾的时候通过一句话或一段话来点明主旨、升华主题。篇尾升华式的结尾起到画龙点睛的作用。在结尾处拔高主题后，再自然而然地接入广告，对用户的转化更有促进作用。具体的篇尾升华式结尾案例如表 2-8 所示。

表 2-8　篇尾升华式结尾案例

结构	软文案例	案例分析
标题	**每一岁都是你的黄金年龄**	
开头	因为我写了一些鼓励大家无论几岁都要按自己的意愿不将就地过自己的人生的文章，所以一些人特意跑到我的微博上留言说，每个人都有自己的黄金年龄，不同的年龄就应该做与年龄匹配的事。对此，我就想借着此话题讨论一下，我们的黄金年龄究竟是什么时候？ ……	从网友对于"我"的文章的评论，引出"我们的黄金年龄究竟是什么时候"的讨论
结尾	不要再尽力挽回自己20多岁的样子，这已经和岁月给你的韵味相矛盾了。到了人生的每个阶段，你都该爱上这个阶段的自己，散发出这个阶段的独特魅力。 ▼ 专业服装、造型团队 为你找到每个阶段最好的自己 咨询请添加××××	将前面讨论的内容做个总结和升华，提升主旨思想并展示广告

3. 巧妙发问式

巧妙发问式结尾多用于叙述性软文中，指在结尾处写下含义深刻的结束语后加入问句，引起用户反思，强化主旨。巧妙发问式结尾的软文能留给用户更多想象的空间，颇有"余音绕梁，三日不绝"的韵味，同时也达到了和用户互动的效果。具体的巧妙发问式结尾案例如表 2-9 所示。

表 2-9　巧妙发问式结尾案例

结构	软文案例	案例分析
标题	北漂这么多年，你搬过几次家	
开头	在 ×× 网站买东西，就看见了 ×× 进入中国二十五周年的纪念视频，真是吓了一大跳	开篇引出 ×× 二十五周年纪念视频
正文	从我上大学起，每周去马甸逛 ×× 便是我最大的爱好。没错，那时候北京的 ×× 还在北三环，挨着一家连锁电器商店。每次我坐在 300 路公交车里，看着窗外不断退后的车流、灰色的大楼和巨大的水泥立交桥，只有 ×× 巨大的蓝色外墙和四个黄色字母温暖又醒目。 …… 你是不是也一样？从上大学到现在，二十五年过去，住过的每一个家，都有 ×× 的商品？ 毕竟，至少整整两代人，在成长、独立、追寻自我的过程中，被 ×× 启迪了：什么是装修，什么是生活。 而在这二十五年里，我们搬过了家，换了好几份工作，当年一起逛 ×× 的那些人，也许已不知所踪。但，他们始终是我们心里最柔软的回忆。 ……	从 ×× 周年纪念视频引发对"北漂这么多年，你搬过几次家"及相关问题的讨论，唤醒用户与 ×× 相关的二十五年的生活记忆
结尾	说句有用的题外话：此时正值 ×× 庆祝进入中国二十五年，如果你下载了 ×× 的微信小程序，可以领取满 200 元减 20 元、满 300 元减 30 元的代金券。你也知道 ×× 很少做这样力度的促销，自己领完再分享给朋友还会有额外的代金券给你。我去领了，我正好需要买一张床放在客房——春节要到了，你懂的。 好感慨，想一想二十五年里的六次搬家，什么都换过了，最初在 ×× 买的一套调料玻璃瓶居然还一直用着。用得太顺手，那瓶身都温润了，不想换新的。你呢？这么多年过去，你还记得你在 ×× 买过的第一件东西吗？现在还在用吗？此刻和当年同去逛 ×× 的人在一起吗？ 想听你的回答	将二十五年的生活记忆与 ×× 联系起来，并在结尾抛出和推广品牌相关的问题，引发用户思考

4."神转折"式

"神转折"式结尾指软文正文部分一直在叙述一个与推广产品无关的内容，但在结尾部分突然转折到另一个看似与之前叙述的内容毫不相干的话题，或是在结尾部分亮出一个出人意料、峰回路转的结局并展示广告。软文内容转折的前后形成一种强烈的反差感和奇妙的荒谬感，从而引发某种程度的喜剧效果，让用户感觉突兀又有趣。这种写法能把广告较好地隐藏起来，让用户毫无防备、始料不及，等用户反应过来时，这些推广也已被用户所接受。具体的"神转折"式结尾案例如表 2-10 所示。

表 2-10　"神转折"式结尾案例

结构	软文案例	案例分析
标题	为什么一夜之间，全网都想去淄博吃烧烤	
开头	这两天，一个淄博老板娘为急着赶高铁的小伙单独烤串的视频登上了热搜。视频中，一位安徽游客点了许多食材想品尝淄博烧烤，却又急于赶高铁，两难之下老板娘真诚相助，亲自出手为游客单独烤串，让这位安徽游客赶车、吃串两不误。 许多网友为这位老板娘点赞支持，并表示自己也想去吃了	开篇从"淄博老板娘为急着赶高铁的小伙单独烤串"的热搜引出正文

续表

结构	软文案例	案例分析
正文	事实上，这不是淄博烧烤第一次上热搜，3月以来，以"淄博+烧烤"为关键词的相关网络信息已超28.5万条，平均传播速度为10179.07条/天。淄博烧烤话题相关视频播放量超13.8亿次，微博话题阅读量超2.3亿次，与淄博烧烤相关的视频播放量、阅读量过千万次的话题均已超过10个。 …… 可以说，淄博烧烤彻底"出圈"了，成为新晋的顶流。 …… 如何将爆红流量变成长期流量，则是淄博打造烧烤城市名片的重中之重。 **淄博烧烤的频频"出圈"，热度不减，更重要的还是淄博整座城市围绕烧烤整体运营，打造城市的品牌名片。** 说几个细节你就会明白了。 在淄博烧烤火爆之际，淄博市人民政府推出多项举措推广淄博烧烤，从网友自发行动正式上升到城市行动。 …… 能做到这样，淄博烧烤不"出圈"谁"出圈"？ 淄博让我们看到一个城市好不容易抓住了流量机会努力发展，全员上下一起努力，没有一个掉链子的，这种以诚待人的本质让人十分感动。 在个别旅游景点曝出天价宰客消息的今天，淄博尽力确保来这里的人都"吃得开心、吃得放心"，以真诚建立起游客的信任。 互联网的流量一茬接一茬，但淄博借着真诚建立的专业信任度，把偶然的蹿红，变为主动宣传城市名片，真正做到了将流量变成"留量"。 **吃过淄博烧烤的人，对好味道有了印象，不但还会继续回来吃，还会广而告之，让更多人去淄博吃烧烤**	正文部分围绕为何全网都想去淄博吃烧烤展开探讨
结尾	**打造个人品牌，就要像淄博烧烤一样，在美味上打造专业信任度，然后做好各种服务，真正把流量承接住。** 这个过程就像我写出一本好书，读者看了喜欢，会认可我的专业度，以后我出书还会支持，而且还会告诉身边的人：××大叔的书，你放心去支持。 如果你真的让自己的专业信任度建立起来了，你会发现各种资源会主动"跑"到你身边，帮你完成个人品牌的塑造。 **我是通过图书打造了个人品牌，其实普通人建立专业信任度的好方式，莫过于写一本好书。** 在我们××家的写书私房课，很多学员把过去的积累，变成一本书，不需要等流量风口，照样能在自己的专业领域内做好品牌。 别担心自己是新手写不出来，也别担心积累不够，我们××家的写书私房课有专业系统的方法，有帮助200多名"素人"成功出书的经验，可以为你提供专业且优质的服务	从谈论淄博是如何围绕烧烤打造城市品牌名片的，转折到打造个人品牌同样需要建立专业信任度，出书就是好的方式，从而引出写书私房课的广告

练一练

　　1. 如果你要写一篇软文推荐大家去观看电影《阿甘正传》，在软文结尾处你会提炼一个怎样的主旨升华全文？

　　2. 在微博、微信、抖音、小红书等各大新媒体平台上，找出你认为写得好的"神转折"式结尾并分析原因。

2.2.5　软文金句提炼的八种修辞方法

金句即指像金子一样有价值的句子、宝贵的话语。金句往往能发人深省。电影里的金句可以给电影带来更多的传播，如电影《流浪地球2》里的金句"我相信人类的勇气可以跨越时间，跨越每一个历史，当下和未来"。电视节目里的金句不仅让人记住节目本身，更会让人对金句的提出者印象深刻，如中国电视青年公开课节目《开讲啦》里撒贝宁提出了"如果命运是世界上最烂的编剧，你就要争取做你自己人生最好的演员"等金句被众人所熟知。广告里的金句更会引起用户共鸣，从而提升用户对广告推广品牌的好感度，如京东2023年母亲节广告片里提出的金句"她爱秀你送的礼物，更爱秀送礼物的你"。在软文中，使用金句能锦上添花，会让用户印象深刻，引发共鸣。

金句往往朗朗上口，又蕴含哲理；既容易被用户记住，又容易被广泛传播。金句的创造要求撰写者有一定的人生阅历和沉淀，但也有一定的规律可循，有一定的方法可套用，比如运用修辞方法提炼金句。不同的修辞方法会让句子更传神。以下为提炼金句的八种常用的修辞方法。

1. 比喻

比喻是指根据两种不同性质事物的相似点，用一个事物来描写或说明另一个事物，也称作"譬喻""打比方"。比喻句中，被比喻的事物称为"本体"；打比方的事物则称为"喻体"。运用比喻的修辞手法，能够使描述的事物更形象生动，使抽象的观点或道理更具体浅显，让表述的内容富有感染力和说服力。

案例如下。

（1）7-11 CITY CAFE："整个城市就是我的咖啡馆"

本体：城市。

喻体：咖啡馆。

目的：7-11 CITY CAFE运用比喻表明了该品牌咖啡业务的布点较多，顾客可以在城市里随时随地享用该品牌的咖啡。

（2）网易新闻："每个人都是一条河流，每条河都有自己的方向"

本体：人。

喻体：河流。

目的：网易新闻希望借助比喻来表达对年轻人精神世界的支持与尊重，鼓励年轻人要勇于寻找真实的自我，敢于表达独立的观点。

（3）中华汽车："世界上最重要的一部车是爸爸的肩膀"

本体：车。

喻体：爸爸的肩膀。

目的：中华汽车通过比喻的手法传递了品牌崇尚亲情的价值观。

2．对比

对比是指把具有明显差异、矛盾和对立的双方进行比较，其表现形式主要有自己与他人对比、过去与现在对比等。运用对比手法，有利于充分显示事物的矛盾，突出被表现事物的本质特征，加强软文的艺术效果和感染力，引发用户共鸣。

案例如下。

（1）今周刊："别人看历史，我们看未来。"

通过"别人"与"我们"的对比，凸显今周刊相比竞争对手，其提供资讯的速度更快，资讯的内容也更具有前瞻性和指导意义，能满足用户第一时间掌握新鲜精准资讯的需求。

（2）中宣部宣教局公益广告："小时候父母是我们的依靠，长大了我们是父母的依靠。"

通过强调"小时候"与"长大了"父母和子女身份转化的对比，让为人子女的用户产生代入感和情感共鸣，弘扬了"百善孝为先"的中华民族的传统美德，倡导了孝老爱亲的价值理念。

（3）统一润滑油："多一点润滑，少一点摩擦"

通过"多"和"少"、"润滑"和"摩擦"的对比，既凸显了润滑油的特点，又贴切地迎合了大众对和平的期待，让其品牌形象得到了极大的提升。

3．顶真

顶真是指上句的结尾与下句的开头是相同的字或词，也称作"顶针""连珠"。运用顶真的修辞手法，不仅使前后句子语义连贯，前后逻辑严密，巧妙的构思更是让用户难忘。

案例如下。

（1）海尔冰箱："海尔冰箱，冰箱新形象"

海尔冰箱运用顶真的手法，让其广告语读起来朗朗上口，突出了海尔的创新设计引领冰箱新潮流的特点。

（2）丰田汽车："车到山前必有路，有路必有丰田车"

丰田汽车运用顶真的手法，表明了其汽车销量之高、销路之广，也间接说明了产品"质量高、性能优、技术过硬"等特点。

4．双关

双关是指运用词的多义或同音的特点，有意使语句具有双重意义，言在此而意在彼，其主要表现形式有语义双关和谐音双关等。运用双关的修辞手法宣传品牌，能起到一石二鸟的效果。

案例如下。

（1）联想计算机："如果没有联想，世界将会怎样"

"联想"一词，既指代"联想"这一品牌名，又指代"联想"的能力。通过一语双关的手法，表明该品牌在世界中的地位及重要性。

（2）天猫："上天猫，就购了"

"购"指的是"购买"，而语音上又同"够"，代表"足够"的意思。这既表明天猫上的品牌质优价廉，让顾客放心购买；又表明了天猫上的品牌丰富齐全，上这个平台就足够了。

（3）特步运动鞋："特步，非一般的感觉"

"非"指的是"非同寻常"的意思，而发音上又同"飞"，表明该品牌的运动鞋与众不同，穿上跑步能体验到飞一样的感觉，进一步凸显产品的性能。

5. 比拟

比拟指的是把一个事物当作另一个事物来描述说明，其主要表现形式有将物比作人、将人比作物以及将甲物比作乙物。运用比拟的修辞手法，可以将事物描述得更形象、生动、具体，能启发用户想象，让人感到新奇。

案例如下。

（1）万科："让建筑赞美生命"

把建筑比拟成人，拥有赞美生命的能力。

（2）某地产广告："朝生活卖萌，它就朝你笑"

把生活比拟成人，让"生活"这个词变得更生动。

（3）大白兔奶糖："美味蹦出来"

把味道比拟成兔子，一个"蹦"字，给没有生命的味道添了几分活泼之感，又呼应了"大白兔"这个品牌名。

6. 象征

象征是指根据事物之间的某种联系，借助某人、某物的具体形象（象征体），以表现某种抽象的概念、思想和情感（本体）。运用象征的手法，可以将抽象的事理转化为具体可以感知的形象，使软文立意高远，含蓄深刻，耐人寻味。

案例如下。

（1）曙光照明："点亮自己，照亮他人"

本体：舍己为人的奉献精神。

象征体：LED 灯具。

（2）方太水槽洗碗机："要捡起心中的梦，先放下手中的碗"

本体：所有阻碍用户实现心中梦想的琐事。

象征体：碗。

7．对偶

对偶是指用结构相同、字数相等、意义对称的词组或句子来表达相反、相似或相关的意思。对偶的词组或句子，有内容工整、节奏鲜明、朗朗上口等特点。运用对偶的修辞手法，可以使语句更加精练简洁、易诵易记，让人印象深刻。

案例如下。

（1）旅游卫视："身未动，心已远"

"身"与"心"，"未动"与"已远"两组对称且意思相关或相反的词组，用简洁的语言表明了旅游卫视精彩的节目内容，让用户通过收看电视节目收获身临其境的体验。

（2）Airbnb 民宿短租平台："睡在山海间，住进人情里"

通过"睡在"和"住进"、"山海间"和"人情里"两组对称的词组，强调了 Airbnb 民宿短租平台"既能满足游客享受大自然美景的需求，又可以通过住在当地房东的家里更深入地体验和融入当地人的生活"的两大特点，让用户心生向往。

8．换算

将难以理解的抽象或陌生的概念，抑或是产品或品牌的特点，与熟悉的事物或概念联系起来，做具体化的数据换算。运用换算的修辞手法，能够让事物从抽象化为具体，从陌生变为熟悉，以便用户理解。

案例如下。

（1）iPod："把 1000 首歌装到口袋里"

用具体的数字描述 iPod 的存储容量，能够让用户更清晰地了解产品体积小、容量大和方便随身携带等特点和卖点。

（2）OPPO 手机："充电 5 分钟，通话 2 小时"

用具体的数字说明 OPPO 手机快速充电的技术，能生动形象地突出产品卖点。

（3）长城葡萄酒："三毫米的旅程，一颗好葡萄要走十年"

通过用十年的时间来描述一颗葡萄从瓶外到瓶内的距离，向用户表明长城葡萄酒精致严谨的选材及生产过程，有利于增强长城葡萄酒在用户心中的正面品牌联想。

请说出以下句子分别运用了什么修辞手法。

1. 全家便利店："全家就是你家。"

2. 蓝鸟运动器材："教练们早已习惯于用蓝鸟的产品来评判运动器材。"

3. 长城电扇："长城电扇，电扇长城。"

4. 中华豆腐："慈母心，豆腐心。"

5. 小米体重计："100克，喝杯水都能感受的精准。"

2.3 软文灵感的三大来源

写软文就如同盖房子，软文的写作素材就如同盖房子所需的水泥、沙子、钢筋和砖瓦等原材料。要想写好一篇软文，丰富的写作素材是基础和前提。只有积累足够优质的写作素材，才能让软文主题更加突出、内容更加充实，才能让软文撰写者写作时行云流水、下笔如有神。常见的软文写作素材及来源主要分为以下三类。

1. 知识分享类素材：源于书籍与网络等

撰写者通过系统地阅读相关专业领域的书，快速了解该领域的知识体系及架构，在阅读经典的基础上补充新知，建立自己的思考、写作模型库以及素材清单。撰写者可根据不同的写作主题，将书上原有素材的知识理论、思考模型、写作框架、修辞手法等运用到具体的软文写作中。

除了阅读书籍，还可以浏览知识类学习平台、网站及知识型自媒体人的公众号。通过快速浏览标题寻找和整理感兴趣的内容及要点，思考软文撰写角度及构建写作框架，提炼软文所需的内容素材，并进行加工和输出。

2. 实战技能类素材：源于自身的工作经历、实战经验及成功案例等

实战技能类素材主要来源于日常的工作及学习交流，如在职场中运用到的分析问题和解决问题的技能、与客户沟通的技能、处理人际关系的技能和办公软件的应用技能等；或在某个行业或工作中积累的经验，如项目运营、营销推广、广告投放等实战经验；抑或是参加学习与培训或同行聚会所获取的别人的成功案例和经验。这些都是很好的软文写作素材来源。此外，还需在工作时有意识地做好记录并定期对这些经验进行总结，到需要用时才可做到"信手拈来"。

3. 情感故事类素材：源于生活感悟、情感经历以及电影桥段等

情感故事类素材主要源于生活中亲身经历的、发生在自己身边的、文章中读到的、与人交流听到的、电视或电影中看到的故事等。只要善于观察，用心发现，认真感悟，情感故事类素材随处可见。如在软文写作中能够围绕软文的主旨，将同质的素材进行叠加使用，即将积累的相同或相似的故事素材进行巧妙组合，让软文更具感染力。例如，微信公众号"视觉志"中的一篇阅读量突破 4000 万次的软文《谢谢你爱我》，就是将生活中多个感人的小故事组合起来，共同表达"世界上总有一个人用心爱你"的主题。

课后习题

1　简述设计软文营销全流程的五大步骤。

2　简述软文营销策划的六大要素。

3　简述软文标题写作的三大原则。

4　简述软文灵感的三大来源。

CHAPTER 03

第 3 章
提升软文营销效果的三大制胜法宝

学习目标

➤ 了解软文营销的关键词设置。
➤ 掌握故事的定义、作用及故事软文的写作方法。
➤ 熟悉软文营销的五大传播设计。

素养目标

➤ 培养尊重数据、合理合法地利用工具获取信息并利用信息的能力。
➤ 培养故事思维，讲好中国品牌故事，弘扬中华优秀传统文化，增强文化自信。
➤ 创作和传播积极、正能量的软文内容，引导用户树立正确的价值观。

企业想要通过软文营销获取更高的自然搜索流量，提升品牌曝光度和识别度，促进用户互动和传播，并达成最终营销目标，就要求企业营销负责人除了具备软文营销的整体思路外，还要懂得提升软文营销效果的方法，让软文营销实现效益最大化。本章将从关键词设置、故事软文设计和传播设计三个方面介绍提升软文营销效果的方法。

3.1 关键词引入注意

一篇优秀的软文，不仅能吸引用户注意并被用户传播，还能在网络上长久保存且持续发挥其影响力，间接或直接地提高企业的知名度及产品销量。而关键词在企业的软文营销中更是起着至关重要的作用。软文中的关键词设置是否合理，直接决定了用户是否能够在最短的时间内搜索到软文并阅读，最终完成转化。因此，设置与企业品牌相关且符合用户搜索习惯的关键词是提升软文营销效果的关键。

3.1.1 认识关键词

网络用户在搜索引擎搜索框中输入的提示性文字或符号就是关键词。关键词可以是一个汉字、一个词组或一个句子，也可以是一个数字、一个英文单词或其他符号。

大部分网络用户在购物类网站上都是通过关键词搜索到自己所需商品的。如同用户的网络购物行为一样，用户同样通过百度、搜狗甚至微信的搜索框搜索所需内容。例如，领导安排制作 PPT，不知如何下手的用户会在相关网页的搜索框中输入"PPT""PPT 怎么做""PPT 排版方法""怎么做 PPT 才好看"等关键词，并在搜索结果中寻找自己想要的相关信息。若企业推广的软文标题及内容中恰巧含有用户搜索的关键词，则该软文就更容易被用户搜索到。因此，关键词的合理设置，是软文获取流量及达到预期营销效果的前提。

3.1.2 关键词设置的两大原则及关键词的四种类型

关键词就像一座桥梁，连接着企业和用户。企业可以依靠用户历史搜索的关键词推断用户的搜索意图、兴趣偏好及市场需求。如用户搜索"连衣裙"，意味着该用户可能有购买连衣裙的需求。而在搜索结果中，排名靠前的结果被用户查看的可能性会更高，促成交易的可能性也相应会更高。

1. 关键词设置原则

企业的推广软文想要有更高的曝光率及点击率，达到最大的营销效果，就要求软文撰写者合理设置关键词。设置关键词需遵循以下两大原则。

（1）相关性

企业软文设置的关键词要与其品牌、产品及所在行业具有相关性。如干洗店要开展软文营销，其关键词的设置应与洗衣、衣物保养等内容相关，如"羽绒服清洗""衣服干洗"等，而不应设置"手机测评""笔记本"等毫不相关的关键词。

（2）符合用户的搜索习惯

要根据用户习惯搜索的词汇设置关键词。如红薯，因为不同地区的叫法不一样，对应的关键词也会不一样。山东人和东北人搜索"地瓜"，上海人搜索"山芋"，安徽人搜索"芋头"，江西人则搜索"红薯""白薯""红心薯""粉薯"等。因此，卖红薯的商家或企业需根据自身产品的市场开拓及投放策略去设置及调整推广软文的关键词。

2．关键词的类型

一般而言，关键词主要可分为泛关键词、核心关键词、辅助关键词、长尾关键词。企业在软文写作过程中，可根据具体的情况，选取以上四种类型的关键词中的一种或几种进行组合设置。

（1）泛关键词

泛关键词通常指搜索量大但不够精准的关键词，通常是指代一种行业或品类的词汇，如服装、珠宝、家具、计算机、手机、汽车、美容、护肤等。例如，在百度搜索"美容"一词有6000多万个结果，而搜索"服装"一词则有7000多万个结果，如图3-1所示。由此可见，如果企业仅使用这类具有行业属性的词汇作为软文的关键词，其推广的软文会因为同行的激烈竞争而难以被用户搜索到。如果企业不属于行业的龙头企业或不具备很强的经济实力，则不建议使用这类转化率不高的词汇。

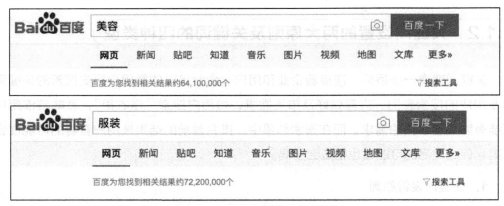

图3-1 在百度搜索泛关键词

（2）核心关键词

核心关键词是指与企业品牌或产品息息相关的、用户搜索频率高的词汇。企业可以根据自身需求及软文投放的目标提取核心关键词，主要从营销目标、用户定位、市场环境三个方面着手。下面以京东为例，详述核心关键词的提取，如表3-1所示。

表 3-1　核心关键词的提取

核心关键词来源类型		注释	核心关键词示例
营销目标	品牌推广	与公司及品牌相关的核心词	如京东、京东官网、京东商城、京东自营、京东白条等
	主营业务宣传	品类、品牌或产品的名称、购买渠道等	如京东自营手机、华为 nova 11、网上商城等
	活动促销	与活动相关的名称、内容和价格等	如京东"6·18"品质狂欢节、华为品牌日满 1000 元减 200 元、华为 nova 11 送一年延长保修服务等
	市场公关	事件名称或与事件密切相关的词语或词组	如京东管理层人事变动的新闻："京东高管再现调整：×× 辞任，××× 回归""老京东的'年轻战'"等
用户定位		根据营销目标确定目标人群，根据他们的兴趣点拓展和筛选关键词	如目标人群是 20 ～ 35 岁的女性，则关键词可选用美白、保湿、美食等
市场环境		竞争企业的品牌名称、主营业务等	京东的主要竞争对手，如天猫、当当、苏宁易购等

① 营销目标。

企业的营销目标主要分为品牌推广、主营业务宣传、活动促销、市场公关等。当企业的营销目标为品牌推广时，可选用与企业及品牌相关的核心词作为关键词，如"京东""京东商城"等；当营销目标为主营业务宣传时，其核心关键词可选用品类、品牌或产品名称、购买渠道等，以京东商城主营业务之一的手机品类为例，可选用的关键词有"京东自营手机""华为 nova 11""网上商城"等；当营销目标为活动促销时，其核心关键词可选用与活动相关的名称、内容和价格等，如"京东'6·18'品质狂欢节""华为品牌日满 1000 元减 200 元"等；当营销目标为市场公关时，则可选用事件名称或与事件密切相关的词语或词组，如京东管理层人事变动的新闻，其核心关键词可以是"京东高管再现调整：×× 辞任，××× 回归""老京东的'年轻战'"等。

② 用户定位。

从用户定位的角度出发，核心关键词的提取应以软文营销目标人群的兴趣爱好为依据。如目标人群是 20 ～ 35 岁的女性，她们平时的爱好可能是逛街、美容、保养、美食等，她们常搜索的词汇可能为"美白""保湿""美食"等，则核心关键词可选用该类词汇。

③ 市场环境。

从市场环境的角度出发，核心关键词的提取应关注竞争企业的品牌名称或主营业务等。如京东的主要竞争对手是天猫、当当和苏宁易购等，则核心关键词可酌情选用与竞争对手的品牌名或产品名等相关的关键词。这类词汇也可称为"竞品词"，在实际应用中要尽量避免撰写有损竞争对手形象的推广软文。如果竞争企业已申请品牌保护，则不能选用此类词汇作为关键词。

（3）辅助关键词

辅助关键词也可称为"扩展关键词"或"相关关键词"，是指与核心关键词相关的解释、名称等，是对核心关键词的扩展和补充。如手机，辅助关键词可以是"商务手机""音乐手机""拍照手机"等。

（4）长尾关键词

长尾关键词是指虽非核心关键词却与核心关键词相关，搜索量小却有潜力的组合型关键词。长尾关键词的特征是相对比较长，往往由两三个词或短语组成。如"衬衫"的长尾关键词有"真丝印花衬衫""花边真丝长袖衬衫"等。这类词的品类更细分、目的性更强，虽然其搜索量相比"衬衫"这样的词较小，但它吸引的用户更精准，转化率相应也更高。

3．案例解析

华为 nova 11 手机价格在 2499 元以上，目标人群设定为追求个性时尚的年轻人，并且主打时尚潮流的外观设计和强大的人像拍摄功能。华为针对这款手机做了一系列软文推广，从表 3-2 所示的软文标题中可看出不同类型的关键词设置。

表 3-2　华为 nova 11 系列软文标题

序号	软文标题
1	超感全能人像手机来袭 华为 nova 11 系列正式发布 新款售价 2499 元起
2	高颜值自拍手机华为 nova 11 系列开启潮流运动季
3	聚会自拍不发愁华为 nova 11 系列简单支招轻松变美
4	华为 nova 11 怎么样？华为 nova 11 真机评测：前置双摄像头让你随手一拍即大片

① 核心关键词：华为、nova 11。

② 辅助关键词：人像手机、新款、自拍、真机、前置双摄像头。

③ 长尾关键词：高颜值自拍手机、潮流运动季、聚会自拍、轻松变美。

3.1.3　关键词的三个选择方向及植入原则

如果一篇软文能够正确、合理地设置关键词，就会带来曝光度和流量，吸引用户关注；反之，软文就会被淹没在信息的洪流中，根本无法起到宣传推广的作用，也无法达到预期的营销效果。因此，企业要想通过软文更好地实现其营销目的，需要在兼顾企业品牌、目标客户需求、搜索引擎的搜索规则的前提下，正确合理地选择并植入关键词。

1. 关键词选择方向

软文关键词的选择一般从以下三个方向来考虑。

（1）软文推广的目的

按照品牌推广、主营业务宣传、活动促销和市场公关这四类目的即可选出软文的核心关键词。如以品牌推广为目的的软文，其核心关键词的设置一定不能少了企业或品牌的名称。

以腾讯公益活动的推广软文为例，其核心关键词可设置为"腾讯"和具体的公益活动名称，并在此基础上添加辅助关键词、长尾关键词。例如，软文《2023年腾讯"99公益日"网络筹款，邀请您一起做慈善》，其中"腾讯"和"99公益日"为核心关键词，"网络筹款"为辅助关键词，"一起做慈善"则为长尾关键词。

（2）软文推广的对象

要站在用户的角度，以用户的思维方式及搜索用语的习惯来思考。用户搜索的内容体现了其所关注的具体问题和需求，因此，站在用户角度分析用户真正的需求是设置关键词的关键。

如面膜品牌为软文设置关键词时，可以通过分析用户在寻找同类产品时所使用的关键词及其搜索习惯，在百度搜索框输入主营业务关键词"面膜"，搜索下拉框会自动显示常被用户搜索的内容。使用面膜的用户会经常关注诸如"面膜哪个牌子好""面膜多久做一次""面膜的正确使用方法"等问题，如图3-2所示。因此，面膜品牌可选择搜索量大的、符合用户搜索习惯的内容作为关键词，以提高软文被搜索到的概率。

图3-2 在百度搜索框输入"面膜"后出现的内容

（3）企业的竞争对手

在设置关键词之前，企业可以参考竞争对手发布的软文中使用频率及搜索热度较高的关键词，也可以酌情选用竞争对手的品牌名称或业务类型等关键词，以求软文更有竞争力地展现在用户面前。如一篇标题为"京东、当当和掌阅之后，QQ阅读也出了类似 Kindle 的电子书阅读器"的有关 QQ 电子书阅读器的推广软文，将其竞争对手的名称作为关键词植入标题。

2．关键词植入原则

软文撰写者在软文中植入关键词时需要遵循以下三个原则。

（1）高热度，低竞争度

热度是指用户在网络搜索一个关键词的次数和频率，而被搜索次数多、频率高的关键词可称为高热度关键词。竞争度是指用户搜索关键词出现的相关结果数量的多少，搜索结果多则其竞争度高，搜索结果少则其竞争度低。因此，设置高热度、低竞争度的关键词有利于提升软文的排名和曝光率。

（2）软文中关键词出现的频率及密度应适宜

关键词出现的频率太低或密度太小会影响搜索效果，出现频率太高或太密则会影响用户的阅读体验。如果软文的字数不是很多，同一关键词一般出现不超过 5 次。文章的开头及结尾各植入 1 次，正文部分自然地植入 2～3 次。如想更多地出现关键词，可尝试用辅助关键词和长尾关键词去拓展。但关键词的字数不要超过总字数的10%，否则会被判定为关键词堆砌。

（3）软文标题与内容部分的关键词设置要相互匹配

当软文标题与内容部分设置的关键词一致时，搜索引擎会抓取内容中与标题相同的关键词作为页面描述，如图 3-3 所示。此外，软文的关键词应符合企业长期的营销目标，这样有利于降低软文投放的营销成本，最大限度地发挥软文营销的效果。

图 3-3　搜索引擎对标题和内容中的关键词抓取

3. 关键词植入位置

在关键词植入中，关键词所处的位置是非常重要的。一般来说，可以在以下四个位置植入软文关键词。

（1）软文标题

由于搜索引擎展示搜索结果时往往会优先展示标题上的关键词，因此，在软文标题中植入关键词，既能让用户更快速地搜索到软文，还不容易影响软文的可读性。软文撰写者应在软文标题中尽可能合理地植入关键词。

（2）软文首段

与软文标题相同，软文的第一段内容对于搜索引擎的抓取作用是非常大的。软文的第一段内容会被搜索引擎默认为文章的摘要部分，同样会被展示到搜索结果中。因此，软文的第一段要尽可能地展现软文观点，同时合理地布局关键词，以便软文获取更高的排名。

（3）软文内容

正文部分也要在不影响用户整体阅读体验的情况下，自然地将关键词嵌入软文，且关键词的设置要与标题的关键词相匹配。此外，如果发布的网站或平台允许，则可对软文中的关键词加粗或者加下画线，这也有利于搜索引擎的收录。

（4）软文配图文件的命名

给软文中的素材图片文件设置含有关键词的名称，这有利于用户在图片类搜索中搜索相关的关键词时搜索到该软文的配图，进一步提高软文的曝光率和推广效果。

当然，在软文的写作过程中，应在确保句子逻辑清晰、语义通畅的前提下设置关键词，切忌因刻意设置关键词而句子不通。如果软文的篇幅较短，在正文中嵌入过多的关键词可能会影响用户的阅读体验，则可把关键词尽量布局在软文的标题、开头及结尾部分。

3.1.4 关键词查询的常用工具

软文撰写者在写软文前可使用关键词及热点挖掘工具去了解用户的搜索热点，以判断哪些热点关键词适合植入软文；也可通过百度指数、微信指数、巨量算数等平台了解已选取关键词的整体市场趋势。

1. 使用关键词及热点挖掘工具，选择软文关键词

常用的关键词及热点挖掘工具主要有百度搜索热搜榜和微博搜索热搜榜。运用关

键词及热点挖掘工具，有助于软文撰写者快速地了解当下网民的关注点，以便更准确地完成软文选题及设置高热度的关键词。

（1）百度搜索热搜榜

百度搜索热搜榜以数亿网民的单日搜索行为作为数据基础，以关键词为统计对象，建立权威、全面的各类关键词排行榜，以榜单的形式呈现基于百度海量搜索数据的排名信息，线上覆盖十余个行业类别、一百多个榜单，直接客观地反映了用户的兴趣和需求，如图3-4所示。企业可根据自身品牌的目标人群查看了解相关的热点信息和资讯，还可根据搜索到的热点信息进行软文的选题。

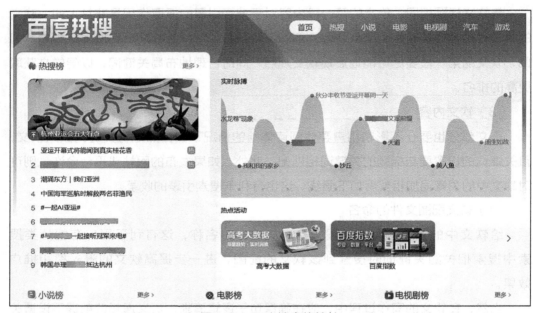

图3-4　百度搜索热搜榜

（2）微博搜索热搜榜

除百度搜索热搜榜外，新浪微博也推出了基于自身平台的微博搜索热搜榜。微博搜索热搜榜基于用户搜索行为，第一时间挖掘、捕捉和发现用户关注的热点与兴趣点。微博搜索热搜榜包括热搜榜、要闻榜、文娱榜、体育榜、游戏榜和好友搜，如图3-5所示。如果企业的软文营销主要针对新浪微博平台进行投放推广，则可更多地依据微博搜索热搜榜的数据进行选题和关键词设置。

2. 查询关键词指数，了解整体趋势

当初步确定了核心关键词和辅助关键词后，软文撰写者可以通过相关的指数平台了解关键词的整体市场趋势和热度情况。下面主要讨论百度指数、微信指数和巨量算数三大数据平台。

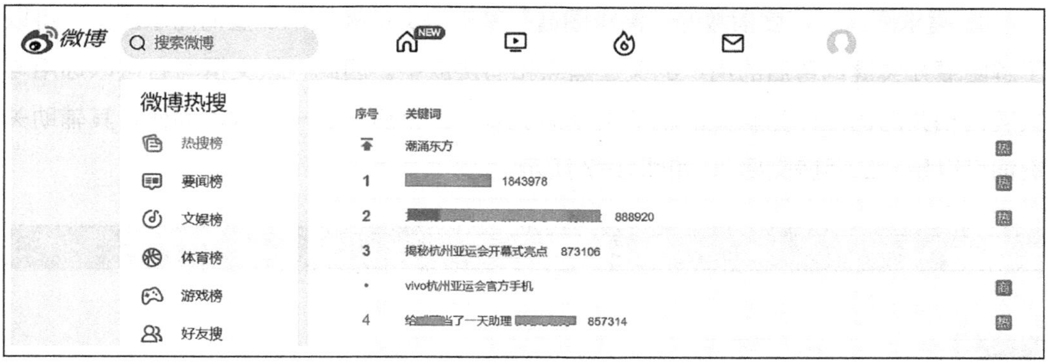

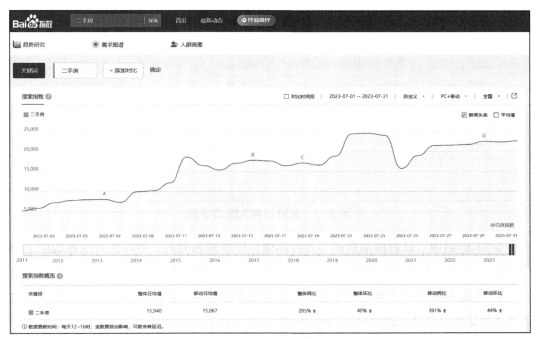

图 3-5 微博搜索热搜榜

（1）百度指数

百度指数是以百度海量网民行为数据为基础的数据分享平台，是当前互联网乃至整个大数据时代最重要的统计分析平台之一，是众多企业制定营销决策的重要依据。在百度指数的搜索框内搜索对应的关键词，即可了解关键词的用户关注度、研究关键词搜索趋势、洞察用户的需求和兴趣，以及定位用户画像。基于关键词的指数研究，百度指数主要有以下三项功能。

① 趋势研究。在百度指数的"趋势研究"中搜索关键词，可查看其搜索指数的整体趋势，包括 PC 端和移动端的趋势。如输入"二手房"这一关键词，从整体来看，这个词的搜索指数呈波动上升的趋势，如图 3-6 所示。

图 3-6 关键词搜索指数趋势查询

② 需求图谱。百度指数的"需求图谱"基于语义挖掘技术。查询需求图谱，可以了解隐藏在关键词背后的用户的关注焦点和消费欲望。因此，软文撰写者可以选用与关键词相关的词汇作为软文的辅助关键词。以"二手房"这一关键词为例，其辅助关键词可以是"二手房交易"，如图3-7所示。

图 3-7　关键词需求图谱查询

③ 人群画像。在百度指数的"人群画像"中搜索关键词，可较为真实客观地了解搜索对应关键词的人群的地域、年龄、性别及兴趣分布等。以"二手房"这一关键词为例，搜索此关键词的人群以广东和河南地区的居多，年龄以30～39岁为主，男性占比65.93%，女性占比34.07%，如图3-8所示。

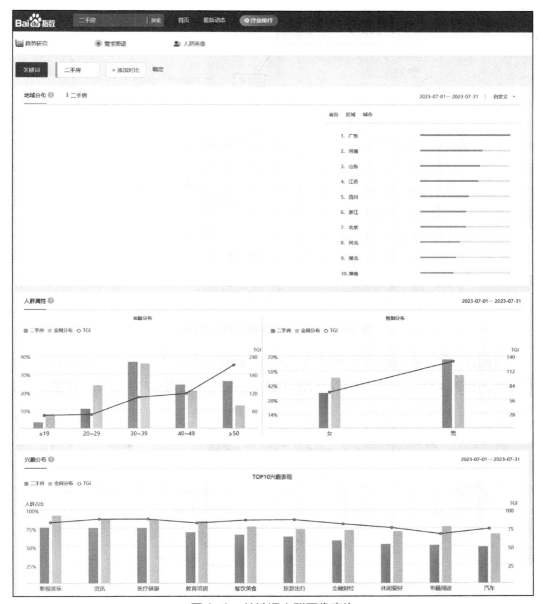

图 3-8　关键词人群画像查询

（2）微信指数

微信指数是微信官方提供的基于微信上搜索和浏览行为的大数据分析的移动端指数平台。企业通过微信指数查询关键词，可以看到关键词在当日、近 7 天、近 30 天和近 90 天的动态指数变化情况，即可以实时地了解某一关键词在一段时间内的热度趋势和最新指数动态。

查询方法一：在微信的客户端顶部搜索框输入"关键词 + 微信指数"，即可进入微信指数小程序。如需要搜索"二手房"关键词的微信指数，则在搜索框中输入"二手房微信指数"，然后会出现"微信指数"小程序，点击进入即可查看指数，如图 3-9 所示。

图 3-9　微信指数关键词查询方法一

查询方法二：在微信 App 中点击"发现"按钮，进入"小程序"，然后在小程序内搜索对应的关键词；此外，在小程序中还可添加对比词进行热度对比，如图 3-10 所示。

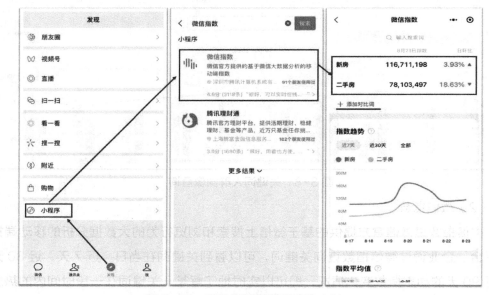

图 3-10　微信指数关键词查询方法二

（3）巨量算数

巨量算数是以今日头条、抖音、西瓜视频等内容消费场景为依托并承接巨量引擎大数据进行统计分析的平台，为企业和创作者提供科学依据和分析。在巨量算数的搜索框内搜索对应的关键词，即可进行关键词搜索趋势研究、关键词关联分析，以及定位用户人群画像和兴趣偏好。基于关键词的指数研究，巨量算数主要有以下三项功能。

① 关键词指数。在巨量算数的"关键词指数"中搜索关键词，可查看关键词搜索指数和综合指数，分别衡量该关键词在抖音或今日头条的搜索热度和综合声量。如输入"二手房"这一关键词，从整体来看，这个词的搜索指数和综合指数呈现的趋势较为平稳，如图 3-11 所示。

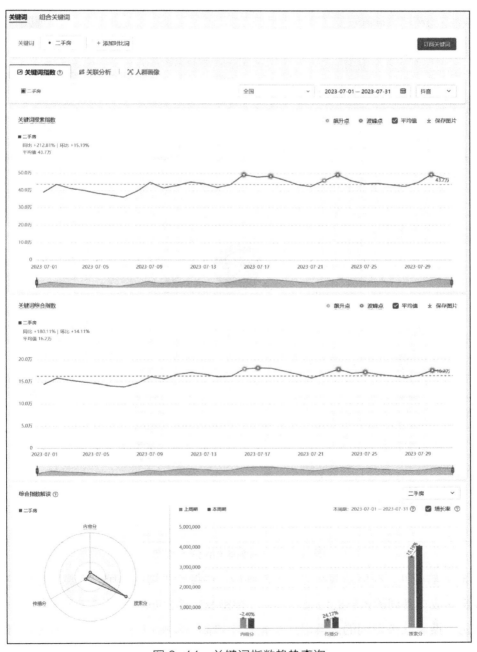

图 3-11　关键词指数趋势查询

② 关联分析。在巨量算数的"关联分析"中搜索关键词，则可通过关联词图谱了解该关键词在抖音或今日头条的搜索关联词和内容关联词。关联词排名越靠前，代表用户越倾向于将两者关联搜索或代表两者关联性越高。因此，软文撰写者可以选用与关键词关联性高的词汇作为软文的辅助关键词。以"二手房"这一关键词为例，其辅助关键词可以是"二手房出售"，如图 3-12 所示。

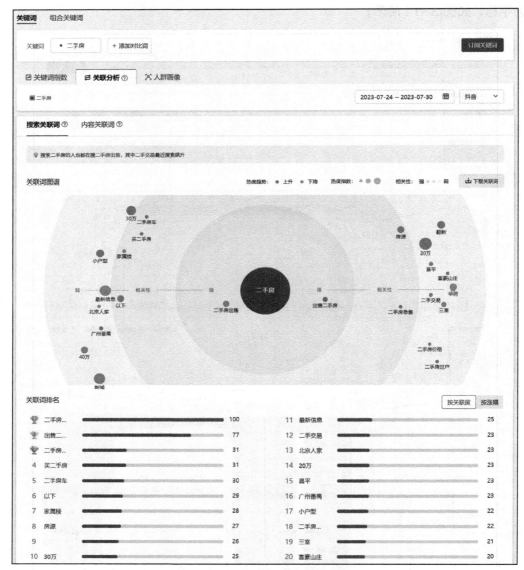

图 3-12　关键词关联分析查询

③ 人群画像。在巨量算数的"人群画像"中搜索关键词，可较为真实客观地了解到搜索对应关键词的人群的地域、年龄、性别及兴趣分布等。以"二手房"这一关键词为例，搜索此关键词的人群以广东省占比最高，年龄以 31 ～ 40 岁为主，男性占比 56%，女性占比 44%，如图 3-13 所示。

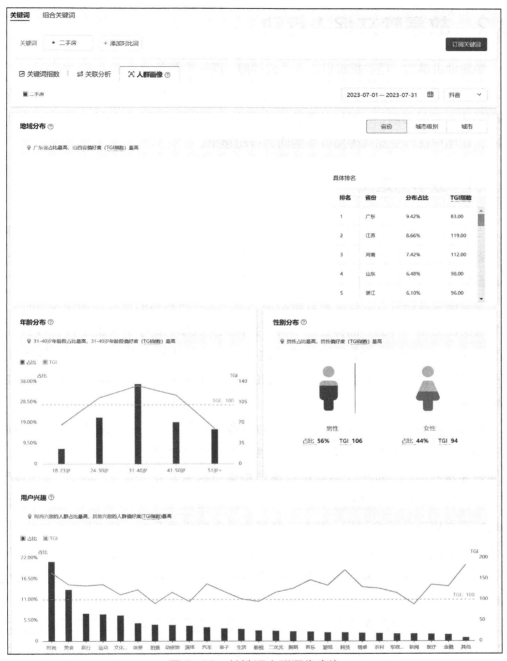

图 3-13　关键词人群画像查询

练一练

假如你负责某服装品牌的营销推广，现在需要选择两个知名艺人的其中一人作为代言人，你会如何判断谁更有热度？会选用什么平台进行查询？

3.2 故事软文促人行动

单纯地讲事实、摆数据难以让人心悦诚服，而一个简单的故事却往往能深入人心，促人行动。因此，企业需善用故事的力量，创造属于自己的品牌或产品故事，为品牌或产品注入情感因素，并通过故事软文向用户传达企业的理念和精神，进而引发用户共鸣，让用户在接受品牌传播诉求的同时行动起来。

3.2.1 故事的定义

当小学老师教育学生有错就要及时改正时，大部分学生听完并不会有深刻的印象，但当老师通过讲述亡羊补牢的故事来教育学生时，就会给学生留下深刻的印象，使学生直至成年仍能记起老师的教导。这就是故事的力量。

很多研究者研究人为什么喜欢听故事，发现人在听故事时与回忆愉快经历时大脑中呈现的反应是一样的。而神经系统科学家则认为故事有助于人类的生存。著名的认知科学家、哈佛大学教授斯蒂芬·平克这么解释人类对故事的需求："虚构的故事给人类的大脑提供了一份人类未来可能面临的致命难题的目录，并附有人类可以对它们采取的种种策略。"

那么，故事是什么？《故事：惊人力量背后的科学》一书给故事下了一个简洁而实用的定义："故事是关于主人公战胜困难、实现伟大目标的描述。"每个故事都拥有完整的结构，而一个完整的故事结构需包括主人公、情节、冲突、结局等要素。如果将故事结构应用到软文领域，则主人公指的是人物、品牌或产品；情节指的是故事发展变化的全过程，是在一条基本线索的统领下由一组或若干组发生在主人公身上的具体事件组成的；冲突是指主人公在达成目标前所遇到的各种问题或障碍，它是情节形成的基础，也是推动故事发展的动力；结局是指情节的结尾、故事的结局。

例如，动画片《哪吒之魔童降世》讲述了哪吒虽"生而为魔"却"逆天而行斗到底"的成长经历。其中，故事的主人公是哪吒；故事的情节讲述的是本应是灵珠英雄却阴差阳错成了混世大魔王的哪吒通过逆天改命，舍身拯救了陈塘关百姓，成了百姓眼里的真英雄；故事的冲突是哪吒因魔丸转世的身份受尽陈塘关百姓厌弃和排挤，在天雷之劫来临之际，哪吒是否愿意放下新仇旧怨拯救百姓；结局是哪吒为救陈塘关的百姓，和敖丙一起对抗天雷之劫，而导致身死，但他俩的灵魂被太乙真人保住了。最后哪吒收获了陈塘关百姓的尊重和崇拜。

3.2.2　故事在软文营销中的作用

故事是人类最古老的知识接受方式之一，也是人类日常交流和学习的重要方式。这种方式能够高效地存储、提取和传递信息，也能够有效地慰藉和说服他人。企业采用故事的形式撰写软文，有利于增加所推广产品或品牌的文化内涵，并赋予产品或品牌功能性和情感性需求，进而打动用户，促使用户主动购买。

1．吸引用户阅读

人们对故事有着天然的喜好，所以比起枯燥无味的推销介绍，人们更愿意阅读有感染力的故事。一篇优秀的故事软文，其生动有趣的内容、曲折离奇的情节、紧凑的节奏，都能勾起用户的兴趣，让用户情不自禁地阅读下去，在不知不觉中跟随软文撰写者的构思，一步步按照其引导和暗示行动。

2．让用户产生认同和共鸣

用户在阅读故事时，对与自己有着共同的理念和信仰、情感和行为的主人公容易产生代入感。如果故事能从用户熟悉的生活化场景出发，即从产品的使用情景出发去构想故事背景，通过故事向用户展示和传达他们所认同甚至热衷的价值观和信仰，更容易让用户产生情感认同和共鸣。

在"内容为王"的时代，用户更愿意为情感、情怀和认同感买单。正如亚里士多德所说："我们无法通过智力去影响别人，情感却能做到这一点。"因此，故事软文营销的核心在于给推广产品塑造一个独特且能够打动用户的价值主张，让用户更加坚定地喜欢上推广的产品，最终促成购买转化。这就要求软文撰写者对用户的心理需求进行全面准确的分析，为目标用户量身定制符合其需求的故事。

3．让产品产生溢价效应

故事赋予产品丰富的内涵和附加价值，让产品在目标用户的心里占据独特的位置，让产品能够打动用户的内心，产品自然也就拥有更高的溢价能力。特别是通过故事塑造的身份象征型产品和情感满足型产品，往往能比同类竞争产品卖出更高的价格。

例如，国外有个名叫"意义深远"的物件网就做过这样的实验：从旧货市场购买一个物品，再邀请一位小说家给该物品写个故事，并把它放在 eBay 上拍卖，结果发现物品成交的价格远远高于其原有的价格。购买该物品花费的成本是 128.74 美元，最后的销售收入是 3612.51 美元，物品的价格提升了 2706%。再如，一个 25 美分的玩具香蕉经过故事的渲染后，在 eBay 上也可拍卖到 76 美元。因此，用故事包装产品，为产品树立正面的、能打动用户的形象，是提高产品溢价能力的关键。

3.2.3　故事软文的三种类型

故事软文通过讲述一个完整的故事带出产品，赋予产品光环效应及情感色彩，从而促进产品的销售。讲故事并不是软文的目的，故事背后的产品线索才是软文写作的关键。因此，企业撰写故事软文一般会根据自身的情况，选择不同的角度去描述和展现品牌或产品的特点，主要包括品牌创始人角度、企业员工角度、产品角度和客户角度等。对应的故事软文则可分为品牌故事、产品故事和客户故事。

1. 品牌故事

品牌故事是指品牌在创立和发展过程中能够体现品牌核心精神、展示品牌风貌的有价值的重大事件。品牌故事是品牌与用户之间情感的桥梁，通过增加品牌的历史厚重感和权威性，增强品牌的吸引力，以及通过赋予品牌精神内涵和价值信仰，建立品牌认同，激发用户潜在的购买欲望，从而促进转化。常见的品牌故事主要分为品牌创始人的创业经历、品牌创建及发展史、员工爱岗敬业的故事等。

一个品牌从无到有，创业的过程往往是成就品牌的关键，而创始人的个性与创业时期的重大事件，也成为决定品牌基因与内涵的重要因素。讲述品牌的创业故事是奢侈品牌进入新市场或推出新品最常用的推广手法之一。比如，香奈儿的品牌故事就是以创始人香奈儿女士传奇的经历为主线展开的，对创始人鲜明个性的刻画以及其时尚准则和态度、品牌创建史的描述，让用户对创始人及其创建的品牌有更全面的认知，潜移默化地让用户对品牌产生好感和认同感。

品牌故事除了可以从创始人的角度切入之外，还可以从企业员工的角度着手。如通过展现员工一丝不苟、精益求精的工作态度，从侧面反映企业品牌的文化及精神内涵。此类员工爱岗敬业的故事软文适用于服务行业的宣传推广。如链家地产针对房地产行业中经常出现虚假房源的痛点，以链家地产三个真实的员工故事为原型，拍摄了一组 TVC 广告片（即商业电视广告片），通过记录员工在普查记录房子数量、拍摄房子照片及测量户型、核对房源信息这三个不同工作岗位的表现，来凸显链家地产在为用户提供真实房源的宗旨上的较真与坚持。

京东在"双 11"活动期间推出了一系列"JD Red Story"广告海报，如图 3-14 所示。海报采用纪实的方式，通过一个个京东配送员用淳朴的语言讲述自己的配送故事，并配上他们日常工作场景的图片，还原故事的真实情景，极具感染力。比起花哨的促销广告，这一个个与用户联系密切的一线配送员关于责任和坚守的故事，更容易打动用户。

图 3-14 "JD Red Story" 系列广告海报

2. 产品故事

产品故事是指能够传递产品特色和卖点的故事，通过讲述一个有温度、有情怀的故事，并将产品的信息及特点融入其中，让用户被产品的故事吸引，从而产生想要进一步了解产品的欲望。产品故事讲述的切入点通常有：产品的原材料及产地、产品的工艺流程、产品的包装、产品的功能等信息及特点。为了让故事更生动有趣，赋予产品生命力，还可通过拟人化的方式来描写产品，以更贴近用户。

例如，长城葡萄酒的软文《三毫米的旅程，一颗好葡萄要走十年》，用拟人化的手法讲述了一颗颗葡萄的旅程故事，并在故事中穿插讲解了精选的原料、葡萄的生长环境及采摘时机、德高望重的酿酒师以及酿酒时间等产品的卖点信息。

三毫米的旅程，一颗好葡萄要走十年

三毫米，瓶壁外面到里面的距离；一颗葡萄到一瓶好酒之间的距离，不是每颗葡萄都有资格踏上这三毫米的旅程。它必是葡园中的贵族，占据区区几平方千米的沙砾土地，坡地的方位像为它精心计量过，刚好能迎上远道而来的季风。它小时候，没遇到一场霜冻和冷雨，旺盛的青春期，碰上十几年最好的太阳。临近成熟，没有雨水冲淡它酝酿已久的糖分，甚至山雀也从未打它的主意。摘了三十五年葡萄的老工人，耐心地等到糖分和酸度完全平衡的一刻才把它摘下。酒庄里德高望重的酿酒师，每个环节都要亲手控制，小心翼翼。而现在一切光环都被隔绝在外，黑暗、潮湿的地窖里，葡萄要完成最后三毫米的推进，终点并非遥不可及，再走十年而已。

3. 客户故事

客户故事描述客户使用产品之前、之后的变化，或者在讲述客户的故事时将产品作为情节或线索串联整个故事。客户故事的作用就是让大部分同类客户在故事中找到自己，产生代入感和认同感。这正如《玩具总动员》的编剧安德鲁·斯坦顿所说："我们与生俱来喜欢听故事，故事可以证明我们是谁。我们都想证明自己的生活是有意义的，没有什么比故事更能做到这一点。它能够跨越时间的障碍，无论是过去、现在，还是未来；它允许我们体验我们和其他人、真实与幻想之间的各种相似之处。"

例如，支付宝十周年的广告《账单日记》，便通过客户故事来引起用户共鸣和提升品牌的好感度。它主要通过一个女性用户的视角，讲述该名用户毕业十年的人生经历和成长变化，并将支付宝账单与她毕业、学习、工作、成家等关键的人生阶段联系起来，用支付宝来记录其生活点滴与变化，让用户产生代入感，进而引起情感共鸣，同时也从侧面展现了支付宝陪伴用户十年来的变化，让用户倍感亲切和温暖。以下为广告《账单日记》具体的文案内容。

引言：

"生命只是一连串孤立的片刻，靠着回忆和幻想，许多意义浮现了，然后消失，消失之后又再浮现。"

——普鲁斯特《追忆似水年华》

正文：

2004年，毕业了，新开始。

支付宝的最大支出是职业装。

2006年，购买了12本提升职场技能的书。

慢慢明白，离开校园，学习不是结束，而是开始。

2009年，12%的支出是电影票，都是两张连号。

全年水电费有人代付。

2012年，看到26笔手机支付账单，就知道忘带了26次钱包，点了26次深夜加餐。

2013年，数学23分的我，终于学会理财了。谢谢啊，余额宝。

2014 年 4 月 29 日，收到一笔情感转账，是他上交的第一个月生活费。

每一份账单，都是你的日记。

十年，3 亿人的账单算得清；美好的改变，算不清。

支付宝十年，知托付。

3.2.4　设计故事软文的五个步骤

好电影总是能够让观众沉溺其中并引发情感共鸣，好故事也应该能起到同样的效果。迪士尼公司的剧本指导克里斯托弗·沃格勒指出，不论是惊悚的悬疑片，还是滑稽的喜剧，抑或是荡气回肠的西部片或歌舞升平的音乐剧，数以万计的好莱坞电影其实重复着同一个核心故事，即"英雄的历程"。而这个"英雄的历程"故事模型的情节发展一般分为四个阶段：

① 开端——描述主人公的日常生活；

② 发展——遇到突如其来的灾难或意外，打破了主人公日常生活的平衡；

③ 高潮——主人公从沮丧困惑到重塑目标，克服内心恐惧和重重困难，最终冲破障碍；

④ 结局——主人公实现目标、达成愿望并获得成长。

麦肯锡则把故事叙述的流程简化为一个基本的框架：S → C → Q → O → R。如同"英雄的历程"，故事软文体现了解决问题的过程。

1. S：Situation（设定状况）

故事叙述流程的第一阶段就是 S（设定状况）阶段。这一阶段主要介绍故事主角以及主角目前处于稳定的状况。其中，故事的主角可以是人，也可以是品牌或产品，甚至是行业。而稳定的状况则指的是主角到目前为止保持的稳定状态。这种状态不论好坏，既可以是持续良好的状态，或是持续糟糕的状态，又可以是持续平静的状态。例如，一则关于某品牌电动牙刷的故事软文，该电动牙刷是故事中的主角，而稳定的状况则可以是这款电动牙刷某个稳定的性能，也可以是其在市场上稳定的销量等。

2. C：Complication（发现问题）

在完成 S（设定状况）阶段的任务后，紧接着是 C（发现问题）阶段。这个阶段主要用来颠覆 S 阶段的稳定状况，即打破原有的稳定状态，确认主角面临的问题。故事软文多半是以解决某个问题为主线而展开的。而具体的问题类型一般分为以下三种。

① 恢复型：问题已经存在，需要处理解决，让事物恢复原状。例如，部分人会为

头屑过多而烦恼，这个烦恼一直存在且没有得到解决。为了解决头屑过多的问题，让头皮恢复健康状态，去屑洗发水便应运而生。

② 预防型：问题还没发生，但要防患于未然。如某款防晒霜广告语"防晒更彻底，让你白到底"，就是一款提供给尚未晒黑的人防止晒黑的产品。

③ 理想型：目前没有问题，但想要做到更好。如招聘网站，它的存在就是为了帮助那些想要实现自己职业理想的用户，找到一份称心如意的工作。

选择何种类型的问题进行描述，取决于目标用户对问题的认知。只有符合目标用户认知的问题，才能让用户产生认可和共鸣，进而促使用户跟着内容的暗示采取行动。

3．Q：Question（设定课题）

在 C（发现问题）阶段之后是 Q（设定课题）阶段。这个阶段的课题设定主要针对 C 阶段发现的问题，分析问题背后的原因并找到需解决的问题，即应达到的课题目标。

① 恢复型课题的设定：以恢复原有状态为课题目标，如去屑洗发水的课题目标是让头皮没有头屑，恢复健康。

② 预防型课题的设定：以预防问题出现为课题目标，如防晒霜的课题目标是预防晒黑晒伤。

③ 理想型课题的设定：以实现理想状态为课题目标，如招聘网站的课题目标就是帮助用户找到一份更理想的工作。

4．O：Obstacle（克服障碍）

Q（设定课题）阶段的下一阶段是 O（克服障碍）阶段。这一阶段的主要目标是解答 Q（设定课题）阶段所设定的问题，找回 C（发现问题）阶段打破的稳定，即提供解决方法或实施策略。O 阶段是整个故事的核心部分，其内容的展开取决于 Q 阶段的课题设定类型。不同的课题设定类型有不同的内容展开方式。

① 恢复型：对问题的现状进行说明，分析问题出现的原因，进而找到一种以上解决问题的根本措施，并对这些措施的利弊得失进行评估。以去屑洗发水为例，这一阶段的内容就是描述头屑过多的现状，分析导致头屑过多的原因都有哪些，针对这些原因可以采取何种措施解决头屑过多的问题以及评估这些措施的利弊。

此外，当面对的问题是突发的灾难性紧急事件时，O 阶段的内容可侧重于讨论应急处理及立刻制止损害蔓延的措施，而对问题发生的诱因可暂不考虑。

② 预防型：对问题可能导致的不良状况进行假设，对导致这些状况的诱因进行分析，进而提出相应的预防对策。其中，提出的预防对策不宜过多，以两三个核心对策

为佳。以防晒霜为例，这一阶段的内容就是设想如果没做防晒会导致身体出现什么状况以及分析出现该状况的原因，并提出预防晒黑晒伤的对策。

③ 理想型：对主角的能力进行分析盘点，并提供一个理想的以及能够达成理想的实施策略。以招聘网站为例，这一阶段的内容就是对用户的能力进行分析以及对用户期望中的工作场景进行描述，进而提出找到一份理想工作的策略和方法。

5．R：Resolution（解决收尾）

最后一个阶段是R（解决收尾）阶段。这一阶段主要用精简的语言说明针对问题最终选择的解决方案及结果，即提供简洁有力的结论。在内容布局上，S→C→Q（设定状况→发现问题→设定课题）阶段为一个故事的导入部分；O（克服障碍）阶段为故事的核心部分，通常占据整个软文的大量篇幅；R（解决收尾）阶段为故事的结尾部分，篇幅相对较短。

设计故事软文，从最初的吸引用户注意，到让用户产生认同及信任，最后让用户完成购买转化，逐步实现软文营销的目标。常见的品牌故事软文布局如图3-15所示。

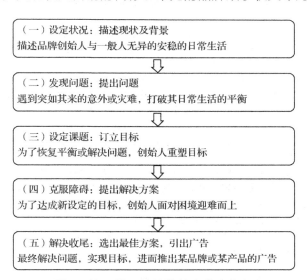

图3-15　常见的品牌故事软文布局

以小米"最生活"毛巾为案例，详解品牌故事软文布局的方法，如表3-3所示。

表3-3　小米"最生活"毛巾品牌故事软文

故事软文布局	软文案例	案例分析
标题	小米"最生活"毛巾，连G20峰会都用它	
设定状况	2011年，大朱的第一个女儿出生，他看到家人给女儿洗澡、换衣服、擦口水，一天至少会用到五六条毛巾。阳台每天都挂满了大大小小的毛巾，这让大朱不禁产生怀疑：这些毛巾真的对皮肤没有任何伤害吗？柔软的毛巾就一定是好毛巾吗？家庭日常生活中使用最频繁的毛巾，真的安全吗	描述品牌创始人升级当父亲后的日常生活

续表

故事软文布局	软文案例	案例分析
发现问题	一系列问号从大朱脑海闪过，也搅乱了大朱那颗疼爱女儿的心。 大部分人对毛巾的要求很简单，能擦干水就行，可他们却忽略了一点：日常生活中使用的毛巾，如果经常处于潮湿状态，就容易滋生细菌。 而做了大量市场调研的大朱却发现：国外家庭中每人每年平均会有 10 条毛巾，但国内的家庭每人每年平均却用不到 2 条，而且国内多数家庭一般从超市购买毛巾，但国内还没有特别出名的毛巾品牌。 大朱通过调查还发现，国内部分毛巾存在以下问题：毛巾品牌商为了降低成本，通常会选择次等的原材料，比如化学纤维、不好的棉花。经过上浆、去浆、加柔顺剂的毛巾，摸着会让人感到柔顺，但这都是"假滑"，不仅使毛巾的吸水性变差，还会对皮肤造成伤害	毛巾在日常家庭生活中使用频繁，但为了降低成本，国内一些毛巾品牌商会选择次等的原材料，导致毛巾的吸水性下降且对皮肤造成极大伤害
设定课题	大朱辞去稳定的工作，创立了生活用品公司"最生活"。 他希望自己生产出一款对人没有伤害，并且使用质感和舒适度都非常高的毛巾，这不仅可以让女儿安心地使用，同时，也能让千万家庭用得放心	生产一款对人体无害且舒适度极高的毛巾
克服障碍	一条毛巾的好坏，是由棉花的优劣决定的。 经过多方打听，搜寻资料，**大朱最终把目标锁定在来自新疆阿瓦提的长绒棉。** 从大朱深圳的家到阿瓦提，需要先乘飞机飞行 3000 千米，转乘火车行驶 800 千米，再搭乘汽车行驶 90 千米。跨越近 4000 千米，大半个中国，大朱终于找到了优质的棉花。 阿瓦提作为新疆重要的棉产区，因其日照时间长、昼夜温差大，为棉花的生长提供了良好条件。这里的长绒棉被称为"棉花皇后"，经过棉花测试，大朱惊喜地发现：阿瓦提长绒棉的纤维长度在 38 ~ 45 毫米，不仅纤维长度超过埃及棉和美棉，弹性强度也更为优秀。这样的棉花可以直接上机织造，同时能保证柔软性、吸水性。 定下棉花之后，大朱还跑了好几趟阿瓦提，**与当地棉商和有关政府部门商谈，最终与当地县人民政府达成合作，一期定点种植 3000 亩（1 亩 ≈ 666.67 平方米）长绒棉。** 大朱**坚持传统人工采棉的方法，**手采棉可以降低棉花纤维的损伤率，但手采棉的成本也会高于机采棉。但大朱相信，真正好的产品是可以经得起时间考验的。 …… 大朱**坚持只做浅色系毛巾，**以最大限度地减少染色对纤维结构的破坏，加强吸水性。"把用户放在第一位，追求极致的产品。"一直是大朱的座右铭，他坚持把细节"死抠到底"。 ……	多次去阿瓦提考察和洽谈合作，定点种植 3000 亩长绒棉；虽然手采棉的成本会提高，但仍坚持采用人工采棉的方法；做浅色系毛巾，减少染色对纤维结构的损害，加强吸水性
解决收尾	2016 年 1 月，"最生活"生产了第一批毛巾样品，共计 6 万条，进行内测销售。**产品在 1 小时内售罄，2000 名使用者给予一致好评。**它甚至还打动了严格的 G20 组委会，成为**大会毛巾指定品牌。** 大朱希望自己的产品能够倡导一种生活方式，并非昂贵不可接近的，而是可以提高生活品质的"平价奢侈品"。 高成本，极致用心，价格适中，让"最生活"毛巾大受欢迎，它不仅给人一种前所未有的安全感，还让人体会到一种极致舒适的享受。 一条毛巾，改变一种生活方式	该品牌的毛巾内测销售时在 1 小时内售罄，还被选为 G20 峰会使用的毛巾品牌

此外，如果描述的状况和问题是用户所熟知的内容或经历，则故事的导入部分（即设定状况→发现问题→设定课题）的篇幅相对较短；如果内容或经历是用户所陌生的，则其导入部分应尽可能详细。在对故事展开叙述前，即在故事的导入部分之前，还可对软文故事的主题或故事发生的背景做一个简要的介绍，以便让用户更快、更容易地理解接下来的内容。

3.2.5 故事软文案例解析

软文撰写者确定故事类型、故事框架后，就可以根据实际需要进行软文的写作。以下选取软文写作中常见的品牌故事进行案例解析，如表 3-4 所示。

表 3-4 觅赤品牌故事软文

故事软文布局	软文案例	案例分析
标题	"80 后"高管辞去北京高薪工作回乡当"羊倌"，只为让你吃上这一口	
设定状况	**跃出"农"门 再回农村** 十年寒窗磨一剑，跃出"农"门闯天下，这是无数农村学子的梦想，也曾是吕立军的梦想。他凭借着自身的努力，走出农村，在北京闯出一番天地，过上了别人所向往的生活，成了亲朋好友口中的"人生赢家"。 但就在这时，他却突然做了一个外人看来"特傻"的选择：**放弃在北京优渥的生活，举家回乡养羊。** 吕立军说，自己的人生理想，就在乡野。他希望在家乡建设属于自己理想中的乌托邦，**把家乡的味道传播出去，把家乡的农民富裕起来。** 在他心中，成功不是过万人瞩目的生活，而是过自己想要的生活，并且让更多像他父母一样的农村人，过上更好的生活。 **全家反对 执意前往** 然而吕立军的这个决定，遭到了全家人的反对……但吕立军为了心中热爱与理想，依然选择前行，**将自己前些年积攒下来的积蓄全部投入绵羊养殖的事业中去，开启回乡创业之旅**	品牌创始人放弃高薪工作回乡创业，即便遭到全家反对还是坚持理想，将自己所有积蓄投入绵羊养殖的事业中去，开启创业之旅
发现问题	**分道扬镳 始终坚守** 由于农业早期投入大、回报周期长等特点……2016 年到 2017 年，在全面投入养殖生产，第一笔 150 万元的资金全部用完后，最初和他合作的 3 个合伙人感觉看不到希望，主动退出，这让吕立军一度陷入绝境。 …… **面对资金短缺的困境，最快的解决办法就是节流。**而选择收购周边的绵羊用精饲料快速育肥，会比精选搭配生态草料科学喂养绵羊的成本至少低 35%。 但吕立军认为，总有一些事，值得自己不计成本。**坚持采用自家种植的草料科学喂养绵羊，不仅能提高绵羊的免疫力，还能有效避免精饲料喂养绵羊导致的激素残留。** …… 吕立军始终相信坚守羊肉的品质，拓宽销售渠道才是长久发展的立命根本	遇到合伙人退出、资金短缺的困境，最快的解决办法就是选择收购周边的绵羊用精饲料快速育肥来降低成本，但这和创始人想要给更多人提供优质味美且安全的羊肉的初衷背道而驰了

续表

故事软文布局	软文案例	案例分析
设定课题	**初心不改，苦尽甘来** 一份优质的羊肉从原产地到老百姓的餐桌到底有多远，是吕立军一直在思考的问题。 他把优质的羊肉分解为一个公式：**优质的羊肉＝优选的羊源品种＋绿色的生态牧场＋精细的宰割技术＋专业的排酸处理与冷链配送**。 为了将宁夏羊肉特有的"鲜嫩不膻"的口感开发到极致，给顾客提供优质的味觉体验，吕立军将"匠人精神"刻在了这条公式后面的每个环节中，对每个环节做到层层把关、精益求精	通过生产"鲜嫩不膻"且安全放心的宁夏羊肉解决公司资金困境，并提出优质羊肉需要满足以下公式的评判标准：优质的羊肉＝优选的羊源品种＋绿色的生态牧场＋精细的宰割技术＋专业的排酸处理与冷链配送
克服障碍	正所谓"好羊肉来自好羊源"，找到优良品种的种羊，则是保证羊肉品质的第一道防线。吕立军通过**在宁夏各地牧场走访考察**，最终选用优质的小尾寒羊进行繁育和养殖，以确保羊肉的品质。 …… 第二个关键环节，就是必须**精选一个绿色生态牧场**，吕立军在选址修建羊舍之初，就充分考虑到这一点。他**选择了爷爷留下来的约30亩果园和附近800多亩的荒山作为养殖基地**，其地处宁夏中宁余丁乡金沙村，与周边的一条黄河支流形成一个天然独特的生态圈。 …… 与此同时，吕立军还**联合某农业科技大学进行疫病防控相关的研发**。 除了坚持采用自家种植的草料科学喂养外，他还**给羊提供充足的活动空间，用散养代替圈养，让羊自然生长，让养殖回归本源**。 …… 吕立军作为半道出家的"新农人"，为摸索出这套科学的养殖方法，前后花了大概**1年的时间向当地的养殖户学习取经**，每天起早贪黑地跟着村里的羊倌放羊。 …… 由于顾客对羊肉烹煮方式的需求不同，相应地在羊肉的分割上也有不同的需求。于是他决定立马**找一位经验丰富、分割技术娴熟的业内专家拜师学艺**。 吕立军凭借着自己能吃苦、好钻研的闯劲，在每天练习不少于5个小时，亲手分割了上百只羊之后，**用半年时间就掌握了整羊剔骨、按部位精准分割的技术**。 …… 为了**最大限度保证羊肉的口感和营养价值，选择了将羊肉做成冷鲜肉配送**而不是冷冻肉，这就大大增加了冷链物流配送的难度和成本。 吕立军选择在顾客下单后第一时间安排在国家定点屠宰场进行全程无菌宰杀和分割，分割装袋后快速冷却排酸，通过顺丰冷鲜运输车全程冷链安全到家，最大限度地兼顾了肉质的口感、营养价值与安全系数	本篇软文的问题类型属于理想型问题，因此对应的文中克服障碍部分的内容主要是为实现理想采取的具体策略。克服障碍的过程即实施策略的过程。实施策略的具体描述，既传达了品牌的理念，也进一步诠释了该品牌产品区别于其他市场竞品的价值所在。 ① 通过在宁夏各地牧场走访考察，选用优质的小尾寒羊进行繁育和养殖，从源头确保羊肉的品质。 ② 精选绿色生态牧场，种植大量不使用有害化学制剂的草料，用以对羊群进行科学喂养的同时，给羊群提供充足活动空间，用散养代替圈养。 ③ 联合某农业科技大学进行疫病防控相关的研发。 ④ 前后花了大概1年的时间向当地的养殖户学习取经，摸索出羊在各个生长周期的科学养殖和防疫方法。 ⑤ 向经验丰富、分割技术娴熟的业内专家拜师学习宰割技术，用半年时间就掌握了整羊剔骨、按部位精准分割的技术。 ⑥ 为最大限度地兼顾羊肉的口感、营养价值与安全系数，选择在顾客下单后第一时间安排在国家定点屠宰场进行全程无菌宰杀和分割，分割装袋后快速冷却排酸，通过顺丰冷鲜运输车全程冷链安全到家

续表

故事软文布局	软文案例	案例分析
解决收尾	事实证明，经过这一道道工序、层层把关的羊肉，肉质紧实细嫩，味道鲜美有层次，不难为牙口，回味绵长，**深受顾客的认可和喜爱**。 但凡吃过吕立军家羊肉的顾客，通常都会复购。发展到后来，他家的羊肉甚至成了老顾客**逢年过节走亲戚、探朋友的送礼佳品**。其中原因，除了那让人放心的品质保证之外，还有那体贴用心的服务。 …… 当被问到下一阶段的目标的时候，作为养殖行业的一名探路者、筑梦人的吕立军表示**希望能够建立这个行业的标准，打造一个可以复制的生态养殖模板，让更多的人参与到这个事业中来**，让更多的家庭能吃到好吃又放心的羊肉	经过一道道工序、层层把关，最终生产出味美安全且深受顾客认可、复购率高的羊肉

如果你负责一款儿童手表的产品软文，你会如何写？请按照 S→C→Q→O→R 框架列出大纲。

3.3 五大传播设计引人转发

　　一篇优质的软文，除了完成让用户阅读的任务之外，还要刺激他们主动进行分享传播。这就要求软文自带传播或话题讨论的属性。究竟什么样的软文才能促使用户主动分享转发？关键是要给用户一个不得不分享转发的理由，例如，为用户提供有用的价值，让用户产生认同感，或是帮助用户完成某种社交任务等。一般来说，如果能帮助用户完成以下五种社交任务，就容易促使用户主动转发。

3.3.1 代表用户发声

　　在与人交往中，每个人都渴望表达自己的想法和立场观点。而此时，如果软文撰写者能为目标对象发声，表达用户的想法和心情、观点和立场等，让用户产生共鸣，用户也就会很自然地转发文章。

　　很多自媒体的软文都运用了这一技巧，如《抱歉，我就喜欢过你觉得"不值"的生活》一文就利用了这一点：很多人都讨厌身边那种爱以自己的经验判断对别人的生活指手画脚的人，但碍于情面又不好直说，所以当这篇文章出现，正好能够帮助用户表达心声，用户就会自然而然地转发。

3.3.2 塑造形象认同

每个人都渴望塑造并强化自己的正面形象。如果软文能帮助用户强化自己的正面形象，或者说符合用户理想自我的需求，抑或是能塑造某个群体的身份认同，如"成熟的人""独立的人""有才华的人""爱国的人"等，用户就更容易转发。

例如，抖音平台上的视频《此生无悔入华夏，来世还做中国人》，引起用户的大量转发和热议。用户评论及转发此类内容，其实就是想要强化自己作为中国人的"爱国"形象。再如，有人在朋友圈看到《为什么说幽默是一种高智商的体现？》《独立的女人最漂亮》等文章，会经常转发，这也是想要借助软文展现自己优秀、有才华和独立的一面。

3.3.3 提供社交货币

宾夕法尼亚大学沃顿商学院教授乔纳·伯杰在《疯传》一书中提到："就像人们使用货币能买到商品或服务一样，使用社交货币能够获得家人、朋友及同事的更多好评和更积极的印象。"人类天生就拥有分享的欲望，愿意向亲朋好友讲述自己的所见、所闻、所感，分享自己的思想、经验和心情等。如果软文能够为用户提供不同寻常的谈资，或是为用户提供在帮助他人过程中所需的有用信息，帮助用户提升自我价值和社会地位，他们就更愿意转发。

1. 提供谈资

谈资就是一种社交货币。人与人之间发生的社交行为往往始于聊天，而"寻找谈资"正是聊天中非常关键的环节。一个人如果能在社交场合掌握别人不知道的新鲜资讯、拥有让人出乎意料的谈资，往往更容易吸引他人的注意，成为全场的焦点。如《你知道吗，这样睡觉很容易让人"瘫痪"！很多人都有这个坏习惯》《山东花式煎饼走红欧美，引4000万网友围观》等知识、趣闻，都是能够为用户提供谈资的内容，更容易被用户转发分享。

2. 提供帮助

人类是群居动物。人们渴望通过向他人传递真正有价值的信息，在帮助他人的同时实现自我的价值。因此，一个人如果能在社交活动中持续地给他人提供有用的信息，用最省钱、最便捷的方式帮助他人解燃眉之急，这个人在别人心目中的地位也会随之提升，这些有价值的信息也会得到转发分享。

例如，在朋友圈经常能够看到《转给找工作的朋友！广州最近的招聘会在这里》

《来深圳找工作，这些地方可以免费住！转给需要的朋友》等求职实用型软文。还有一些关于教你怎么吃才健康的营养饮食搭配建议、关于能使人工作效率翻倍的工具和技能的实用型软文，它们之所以能够引起大量转发，是因为它们能够让用户觉得自己能为他人提供价值和帮助、被他人所需。

3.3.4 抓住社会比较心理

社会比较理论最初是由美国社会心理学家利昂·费斯廷格（Leon Festinger）提出来的。它是指"每个个体在缺乏客观的情况下，利用他人作为比较的尺度，来进行自我评价"。人们除了希望借助社会比较确认自己的某种属性之外，还希望能得到肯定性的情感满足。也就是说，人们都希望通过这种比较，更好地确认自己的地位，享受被人敬仰的优越感。

因此，如果软文的内容能够帮助用户进行社会比较，并让用户在比较中产生优越感和心理满足，他们就更愿意主动转发分享。这个理论也常常被应用在用户运营之中，如得到 App 的学习勋章、Keep App 的运动勋章、小米运动的步数排名、支付宝的十年账单等，都能让用户在社会比较中获取成就感和优越感从而促使用户转发。

3.3.5 利用群体效应心理

每个人都具有社会属性，都有寻求归属感与爱的需求。心理学家亚伯拉罕·马斯洛（Abraham Maslow）提出的"人类需求层次理论"，把人类需求从低到高分为：生理需求、安全需求、爱和归属感的需求、尊重需求、自我实现的需求。爱和归属感的需求是仅次于生理需求和安全需求的第三需求。可见对人类而言，在群体中获得归属感和认同感如此重要。软文撰写者也可以尝试在软文中运用群体效应心理去影响用户行动，刺激用户主动转发。影响用户行动的参照群体主要分为以下两种。

1. 渴望或喜爱的群体：渴望成为或已经加入的群体

渴望或喜爱的群体能够有效地影响人们的行为。很多人会通过模仿渴望群体的行为，让自己变得更像这个群体的一员；会通过参与喜爱群体组织的活动或做出符合喜爱群体身份的行为，来凸显自己是群体里的一分子。因此，如果软文能够满足用户的这种心理需求，用户就会主动转发。

例如，天猫在妇女节就通过深挖当代女性独立、个性的生活态度和生活方式，发布了以"爱自己就是了不起"为主题的视频和系列海报，既表达了女性内心的真实想法，又顺势营销了自己，真正将节日营销主张传入用户心里。

再如引发大量用户转发的《双鸭山大学欢迎你》，转发的用户都是来自这所"双鸭山"大学（即中山大学）的校友。作为该校的毕业生，"中山大学毕业"这一标签，让用户更有自豪感和成就感。

2. 疏远或排斥的群体：想要保持距离甚至内心排斥的群体

软文除了可以通过将产品与目标用户的渴望或喜爱群体联系起来促成转发之外，还可以将产品与用户想要保持距离甚至内心排斥的群体分离开来，目的是让用户更容易被渴望或喜爱的群体接纳。

例如，在哔哩哔哩平台很火的一则广告《我不想做这样的人》。广告的内容是："亲爱的父母、师长、前辈，其实我还不知道我想成为什么样的人，但能和你们分享的是我不想做什么样的人。我不想做一个拿着锯子的人，随时随地把人群锯成两半。这一半是女人，那一半是男人；这一半是朋友，那一半是对手。对手赞同的，我们必须反对；对手反对的，我们必须赞同；不论对错，只争输赢。我不想做一个浑身带刺的人。嘲讽别人的成功，嘲笑别人的失败；看不惯过得比自己好的人，看不起过得没自己好的人；一肚子怨气和借口，凡事不是自己的错，都是别人的错。我不想做一个流水线上制造出来的人。没有独立的人格，只有预订的人设；没有闪光的才华，只有抛光的流量；没有精彩的作品，只有热闹的八卦。我不想做一个隐身的人。需要挺身而出的时候，藏在人群里；需要解决问题的时候，消失在所有人的视线里。我不想做一个'油腻'的人。吃亏的时候，说吃亏是福；该较真的时候，说难得糊涂。是的，我不想做一个这样的人。我不想做一个没有同情心的人，一个不讲义气的人，一个没有教养的人，一个半途而废的人，一个遗忘历史的人。我不想做一个不爱国的人。我不想做一个口口声声'一代不如一代'的人。当我变成父母、师长、前辈的时候，希望我的孩子能对我说，我想成为你这样的人。"

这则广告通过邀请中学生作为青年代表发表演讲，表达"我不想成为这样的人"的态度，同时传达品牌的价值主张。转发的用户其实也是想表明自己支持新时代青年的价值观以及拒绝活成自己讨厌的样子的立场。

课后习题

① 简述关键词查询的常用工具。

② 简述设计故事软文的五个步骤。

③ 简述提升软文营销效果的五大传播设计。

CHAPTER 04

第 4 章
六大平台的营销软文写作技巧

学习目标

➢ 掌握各大新媒体平台软文的特点。

➢ 了解各大新媒体平台的分类及特点。

➢ 熟悉各大新媒体平台的软文写作技巧及案例。

素养目标

➢ 密切关注各大新媒体平台的发展，学习中国企业软文营销的优秀理论与实践成果，提升自身的职业素养和职业竞争力。

➢ 倡导创作高水平、正能量的原创软文，推动社会主义精神文明建设。

➢ 培养尊重数据、实事求是、务实严谨的科学态度。

不同的新媒体平台有着不同的定位和用户偏好，软文撰写者需要根据不同新媒体平台的特点，确定合适的写作策略，以达到更好的软文营销效果。本章主要介绍六大常见的新媒体平台的特点及营销软文写作技巧，并辅以案例进行分析。

4.1　新闻资讯类平台软文

相对其他平台的软文而言，新闻资讯类平台的软文更具有权威性和说服力。企业借助软文向用户渗透企业品牌或产品的理念，并获得用户的认同，真正起到"润物细无声"的效果。此外，优秀的新闻资讯类平台软文更容易获得二次传播，为提升企业的品牌知名度和竞争力奠定基础。

4.1.1　新闻资讯类软文的三大特点

新闻资讯类软文具备真实性、时效性和新鲜性三大特点。

1. 真实性

新闻资讯类软文虽然内容丰富、形式多样，但是万变不离其宗，其应具备的基本特性与新闻相近。其中真实性就是新闻资讯类软文最重要的属性，是其存在的根本和前提。真实性就是指在软文中阐述的内容都必须与客观实际相符，主要包括以下三个层次。

（1）细节真实

构成新闻的六大基本要素——时间、地点、人物、事件、原因、过程要真实可靠，新闻资讯类软文中涉及的六要素也应与实际情况相符。此外，还要求软文中引用的调研数据、文献等材料务必真实准确。

（2）概括真实

概括真实即要求对事件的全貌进行真实准确的概括，不能凭空虚构或随意加工情节，不能以点带面、以偏概全。

（3）本质真实

本质真实即通过对事实的客观描述来揭露其背后的原因及本质，要求不能孤立地看待和评判事物，描述要与客观实际的整体状况相符合，经得起推敲和检验。

真实是新闻资讯类软文的本源。只有当一个事件真实存在且在合适的时间内得到客观的报道和传播，才能达到理想的宣传效果，赢得广大用户的信任。因此，切忌凭空编造、无中生有、夸大其词，遗漏、隐瞒和歪曲事实，否则将会让新闻资讯类软文丢失其自身的特性，从而引起用户对该软文报道信息的不信任。

2. 时效性

真实性是新闻资讯类软文区别于其他软文的基本特性，而时效性则是新闻资讯类软文的生命力之所在，是衡量软文内在价值的一个重要标准。所谓新闻资讯类软文的时效性，就是指该类软文在一定时间内的价值和效应。一般而言，软文的时效性与发布的时间成正比。对事件的反应越迅速，相应软文发布的时间越及时，传播速度就越快，从而对用户的影响力就越大。

在传统媒体领域，时效性主要侧重于强调发表时间与传播效果之间的关系，强调对新近发生事件报道的即时性。就时间层面而言，旧闻是不应发表的。但在网络媒体飞速发展的时代，网络媒体对传统时效性的观点做了一些拓展和延伸，既强调对新近发生事件的及时传播，又对"旧闻"进行了重新定义。网络媒体认为只要有新观点、新角度，旧闻也能"化旧为新"再次进行报道。

网络媒体对"时"的理解也扩展为全时性和即时性。全时性指的是对新近发生事件进行全天候、全过程、全方位的报道，即通过滚动重复报道和及时更新要闻和资讯，让用户 24 小时都可以全面地了解各地发生的事件。即时性则是指对新近发生事件进行零时差、零距离的报道，让软文能够贴近用户，同时也贴近新闻的本质。事实上，衡量新闻资讯类软文的时效性并非以谁最先发布为标准，而是以谁最先被用户接受为标准。

3．新鲜性

新鲜性是新闻资讯类软文的基本属性，其新鲜程度直接决定新闻价值。新鲜性主要包括以下三个方面。

（1）时间新

报道的事实应是新近发生的。如不能把握好时间及时发布，新闻的价值就会因为时间的延误而大打折扣。

（2）知识新

用户欲知而未知、应懂却不懂的新知识和新资讯也能为用户带来新鲜感。新闻心理学研究表明，新闻提供的新知识和新资讯越贴近用户的工作和生活，就越能引起用户的关注和兴趣。因此，为了更大限度地满足用户需求，新闻资讯类软文所提供的知识和信息需具有实用性、新颖性及趣味性。

① 实用性指的是能够提供给用户指导性作用或帮助意见等有价值的知识和信息。

② 新颖性指的是要挖掘用户未知却欲知和应知的新知识和信息，这有利于提升软文的价值，满足用户的求知欲。

③ 趣味性则是指要提供能引起广大用户共同兴趣的知识和信息，如国内外大事、名人轶事、奇闻趣事、成功经验等。

（3）角度新

转变写作的角度，另辟蹊径，让内容推陈出新，旧酒装新瓶，同样能获得广泛的用户关注，真正发挥新闻资讯类软文的价值。

4.1.2 新闻资讯类平台的分类及特点

新闻资讯类平台主要分为四大类。

第一类是综合性门户类平台，指提供某类综合性互联网信息资源并提供有关信息服务的平台，以网易、搜狐、新浪和腾讯为代表，其具有庞大的用户群体。综合性门户类平台的内容以新闻信息、娱乐资讯等为主。

第二类是传统媒体类平台，内容与传统纸媒保持一致，主要聚焦时政新闻，以人民日报、凤凰网、央视新闻网等为代表，具有权威性和严肃性。

第三类是聚合类平台，指的是基于数据挖掘技术，抓取其他各大媒体平台的信息，根据用户的兴趣为用户提供个性化推荐和订阅服务，满足用户的多样化需求的平台，以今日头条、一点资讯、UC 头条为代表。聚合类平台虽自身不生产内容，但其内容覆盖面更广、推荐精准度更高。

第四类是垂直类平台，指的是聚焦某些特定的行业领域或某种特定的需求，为用户提供该行业领域或需求的全部深度信息和相关服务的平台，其代表平台有 36 氪、钛媒体、汽车之家等。垂直类平台的内容相对专业。

下面对四大新闻资讯类平台的优劣势进行对比，直观地展示平台之间的区别，如表 4-1 所示。

表 4-1　四大新闻资讯类平台的对比

对比项	综合性门户类平台	传统媒体类平台	聚合类平台	垂直类平台
代表平台	搜狐、腾讯、新浪和网易	人民日报、凤凰网、央视新闻网	今日头条、一点资讯、UC 头条	36 氪、钛媒体、汽车之家
优势	① 容易被搜索引擎收录，曝光度高； ② 用户体量庞大； ③ 用户活跃度和满意度较高	① 平台内容兼具深度和广度，具有较高的权威性和可信度； ② 拥有多年的用户积累，影响力较大	① 可浏览多个平台的资讯，内容覆盖面更广； ② 依托大数据优势，用户个性化推荐的精准度更高； ③ 用户活跃度和黏性较高	① 用户定位更精准； ② 内容更专业且更有深度
劣势	① 浏览内容有限，不能跨平台浏览； ② 用户主动获取资讯的优势较弱	内容较为单一，主要聚焦时政类新闻，无法满足用户利用碎片时间快速阅读感兴趣资讯的需求	平台自身不生产内容，内容参差不齐，质量无法保证	① 承载的内容及信息范围太窄； ② 潜在目标用户容易流失

从表 4-1 中可看出，就战略定位的角度而言，综合性门户类和聚合类平台更注重用户的参与性和需求，强调"用户优先"；而传统媒体类与垂直类平台则更注重内容的专业性和深度，强调"内容为王"。企业究竟选择哪种平台进行软文投放效果会更优？

不同类型的产品所采取的投放策略不同。高价重决策的产品，如房子、车子等高价且有一定刚性需求的产品，其软文一般会选择综合性门户类平台和垂直类平台进行投放推广，如图4-1所示；而低价轻决策的产品，如零食、生活用品等低价的功能性产品，其软文则可选择聚合类平台进行投放推广，如图4-2所示。但产品的具体投放策略，还应根据企业的营销目标、成本预算及产品定位等进行综合考虑。企业应制定适合自己产品的推广策略，发挥多个平台的优势叠加效应。

图4-1　垂直类平台的软文投放案例

图4-2　聚合类平台的软文投放案例

4.1.3　今日头条软文写作的五种技巧

今日头条软文指的是软文撰写者为了在今日头条平台上推广品牌、销售产品而撰写的软文。撰写今日头条软文，可以采用以下五种常见的写作技巧。

1. 合理设置关键词

从软文的推荐机制和途径上考虑，今日头条文章的个性化推荐机制是指机器会通过关键词抓取和数据分析来理解文章和用户，并对两者进行匹配。因此，应在标题和内容中设置符合文章垂直领域内容的具有代表性的实体关键词。如职场领域的关键词就是"领导""同事""求职"等，时尚领域的关键词就是"时装搭配""美容""护肤"等，科技领域的关键词就是"人工智能""京东""华为"等，既有助于机器更快读懂文章，也有利于提升文章的推荐量。

从增加软文的点击率上考虑，标题关键词要根据目标用户的相关属性进行设置，如用户的"地域""年龄""性别""职业""兴趣"等一系列相关的标签，有利于软文标题在众多标题中脱颖而出，在3秒内迅速抓住用户眼球，让其注意力停留在标题的关键词上，引起用户兴趣进而查看文章。

2. 图文并茂更吸睛

图文并茂的内容形式相较于纯文字更容易吸引用户阅读，提高阅读量。图文并茂的写作形式需满足以下两个方面的指标。

（1）内容精简具体、有重点

软文的内容要精简扼要，用通俗的语言清晰地表达重点。控制好软文的整体篇幅，字数在1000字以内为佳。多用通俗易懂的简单词汇，少用生僻词，多用短句，有助于降低用户的理解难度。由于今日头条平台采用的推荐机制，英文单词和网络词汇是很难被机器读取和识别的，因此应尽可能避免使用。

（2）图片清晰可辨、相一致

软文的配图要选择与软文内容相符的清晰图片，既有助于用户理解文字内容，提高其阅读体验感，又有利于增强软文的趣味性。

3. 寻找合适的切入点

软文的切入点指软文开篇以何种方向、何种角度或主题去开展全文。软文切入点直接决定着一篇软文的整体质量。找到合适的切入点，才能更快地抓住用户的眼球，才能更好地与推广的产品进行结合，达到事半功倍的宣传效果。今日头条的软文主要可以从以下四个方面切入。

（1）从经验分享的角度切入

软文通过站在产品消费者的角度给目标用户免费提供经验分享、干货知识，在帮助他们少走弯路、解决问题的同时，自然地引出产品广告，从而得到用户认同并促其行动。

（2）从故事叙述的角度切入

软文通过讲述一则动人的故事来引出产品。生动形象的故事容易让用户产生代入感，拉近品牌和用户之间的距离，从而建立用户对品牌的信任，提高转化率。故事的合理性、趣味性和知识性是关键。

（3）从观点或情感表达的角度切入

软文通过情感的抒发和观点的表达引起用户的情感共鸣，从而提高用户对品牌的归属感和认同感。

（4）从热点人物或事件切入

由于热点自带流量和曝光度，软文通过结合当下的热点引出产品，能够有效提高用户的关注度。贴近用户的实际生活是选择切入点的一个重要原则。

此外，今日头条是基于用户兴趣的个性化推荐平台，这就要求头条号运营者在垂直领域发文，即不同领域的头条号要发布与其专业领域相关的软文。发布的软文越专业垂直，其推荐量就会越大，推荐人群也会越精准。

4．观点鲜明引讨论

在当今信息爆炸的时代，用户的关注力有限。如果新闻资讯类软文仍保持着过去严肃刻板、不掺杂任何情感的写作风格，很难引起用户的关注，唯有在遵照事实的基础上适当地抒发情感，表明自己的立场和态度，通过对事件的对错、利弊、荣辱等发表观点，才能激发用户的兴趣，引发用户的讨论。而坚定的立场、鲜明的观点和新颖的角度有利于进一步提升软文的层次与内涵；饱含真情实感的描述则更容易引起用户共鸣。在软文结尾处巧妙地设置一些互动的问句，既能引发用户思考，又能促使用户参与评论和转发。

5．广告弱化增信任

用户进入今日头条客户端是为了浏览信息，如果此时向用户展示简单粗暴的销售广告，不但不会吸引用户注意，还很可能会引起用户反感。相比之下，干货类或情感类的软文更容易被用户接受，更容易建立较高的用户信任度。因此，软文撰写者需从用户的角度出发，把广告"软"化，设置符合用户浏览状态的场景化、原生态的内容，在不影响用户阅读体验的前提下，将产品广告巧妙地嵌入文中，"润物细无声"地感染和影响用户的决策，最终达成推广和转化的目的。一篇优质的软文，不仅能让用户理所当然地接受广告信息，还能让用户自发地转发和推广。

4.1.4 今日头条软文案例解析

关于小米手环的今日头条软文案例如图 4-3 所示。

图 4-3 今日头条软文案例 1

1. 关键词设置

在标题上设置了"小米手环"和"潮流人士们"等关键词，将覆盖的目标用户从关注运动健康智能手环的人群扩大到了关注智能手环、潮流时尚的年轻人群，这既有利于增大品牌的展示量，又有利于刺激目标用户点击。在内容上，小米将与时尚穿搭元素相符的产品特点与卖点（如表带材质、时尚配色等）提炼出来，作为关键词合理布局在文中，有助于增加目标用户对品牌的关注和兴趣。

2. 图文并茂

标题与素材图片及正文内容相符。软文用较短的篇幅、精简的语言盘点了各潮流人士 DIY 小米手环 7 系列表带的时尚穿搭，如图 4-4 所示，这与标题相符。正文选择与内容相符的各个风格的时尚穿搭作为配图，既有助于增强软文的易读性，又能彰显不同手环表带的特点。

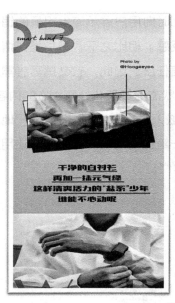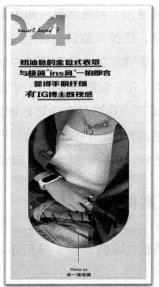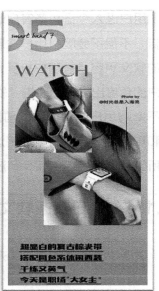

图 4-4 今日头条软文案例 2

3. 切入点

从"小米手环 7 系列是如何被年轻的潮流人士与时尚元素相结合的"这个目标用户喜爱的角度切入，对小米手环 7 系列进行推广，能够有效提升阅读量，扩大宣传范围。

4. 观点鲜明

软文通过描述各潮流人士 DIY 小米手环 7 系列表带的时尚穿搭，引出小米手环 7 系列是潮流时尚人士的标配的观点，给用户塑造一种"购买小米手环 7 系列，能让自己成为潮流时尚人士"的感觉，这有助于说服用户行动。此外，在结尾处再一次强调小米手环 7 系列是彰显个性和提升气场的"宝藏好物"这一观点，如图 4-5 所示，并通过巧设问句引发用户评论，提升用户想要购买的意愿。

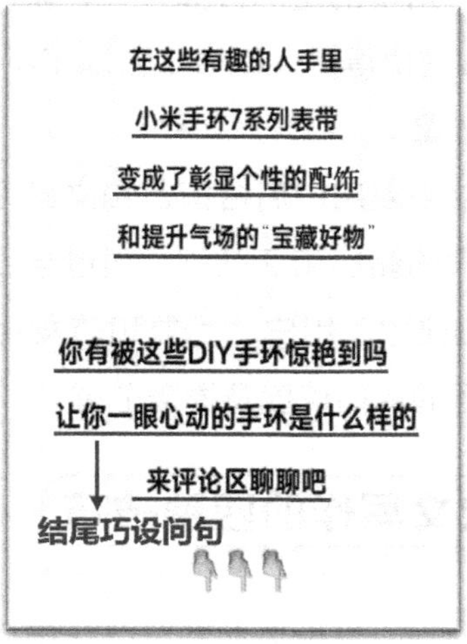

图 4-5　今日头条软文案例 3

5．广告弱化

软文没有简单粗暴地宣传小米手环上新的消息，而是通过盘点各潮流玩家 DIY 小米手环 7 系列表带的时尚穿搭来宣传品牌，让用户更容易接受广告信息，并自发地评论、转发和推广。

4.2　微信、微博平台软文

随着移动互联网时代的到来，微信、微博已成为用户移动阅读获取信息的主要平台。企业通过在微信、微博平台进行软文营销，与用户建立一对多的互动交流关系，有利于企业品牌或产品得到更广泛的传播，进一步树立良好的口碑和企业形象，从而实现营销的目的。

4.2.1　微信、微博软文特点的异同

微信、微博是非常常见的自媒体平台，也是企业或个人使用较为频繁的用来分享意见、见解、经验及观点的工具。用它们发布的内容及其形式较为多元化，企业或个人能根据自身的需求发布文字、图片、音频和视频等各种内容信息。但微信与微博在内容的发布频次、传播和互动方式等方面存在着区别。

微信公众号是一个较为私密的圈子，其发布的内容主要局限在圈子内传播，关注

公众号的用户能通过公众号推送查看文章。微信公众号又分为订阅号和服务号，订阅号每天可以推送一次，每次最多推送 8 篇文章；服务号一个月最多推送 4 次，每次最多推送 8 篇文章。相比微信一对多的定向传播方式，微博则更倾向于开放式的裂变话题传播方式，其扩散速度比微信快得多。微博平台除了不能重复发布相同内容的文章，并没有明确限制发布文章的数量。

此外，微信公众号主要以回复用户后台留言和文章评论以及关键词自动回复等方式与用户互动。它更注重用户的黏性和活跃度，通过与目标用户的互动和关系维护找到精准的用户。而微博主要通过 @ 用户、回复和转发用户文章评论以及私信用户的方式进行互动。它更注重话题的传播速度及覆盖范围。

4.2.2　微信公众号软文写作的四种技巧

微信公众号软文作为长软文，其优势在于可以让用户深入具体地了解产品的关键卖点，更利于销售转化；劣势则在于软文内容如果不符合用户期待，不能引起用户兴趣，用户随时可能放弃阅读。

软文撰写者要想写好微信公众号软文，留住用户并促成交易，可以采用以下四种常见的写作技巧。

1. 提升关注，吸引兴趣

通过绑定目标用户关注的话题关键词，如当下的热门话题、知名艺人、用户的兴趣爱好以及与其自身息息相关的利益或目前正在进行的任务等，向用户提供有价值的或有反差的信息，抑或是制造有悬念的内容吸引用户眼球，勾起用户的好奇心和兴趣，让用户情不自禁地点击并阅读软文。此外，在标题中加入与用户自身描述相符的标签，如地域、年龄、性别、收入、职业等，抑或是利用对话式标题，如"学会这 7 招，你也可以高效备考"，让用户感觉作者在和自己对话，增强其亲切感，有利于提升文章的点击量。

2. 增强代入感，引出产品

软文通过讲故事、提问题、场景化描述痛点等方法，使用户产生代入感，让用户在阅读故事、思考问题的答案及回顾自己相似经历的过程中开始关注账号。软文可指出用户过去的行为或者选择中存在哪些不合理之处，让用户意识到自身的困扰和需求；与此同时，将用户的需求与推广产品的卖点和价值绑定起来，告知用户其需要怎样的产品，而推广的产品正好能解决其问题，即给用户一个购买的理由。例如，一篇关于无硅油洗发水的推广软文可以描述用户日常使用含硅油洗发水时常遇到的问题，如头发洗了没几天就脏了、头发越洗越油等问题，再向用户解释造成这一问题的原因，并告知用户这款无硅油洗发水正好能解决其烦恼。

此外，"场景化描述痛点"越具体，越有助于用户产生代入感。例如，关于整理术课程的软文在开篇描述用户的烦恼和痛点时，如果只是简单地描述"衣橱总是没空间、东西总是找不到、家里杂物堆积如山"等问题，可能并不会引起用户的重视；而将描述的问题具体化和场景化，如"衣柜塞得满满的，主人却因找不到衣服而上班迟到，下班回家发现昨天刚收拾完的家又乱成一团""精心装修的家被杂物吞噬，隔三岔五找不到东西"等，则其营销效果会翻倍。

> **课堂讨论**
>
> 将"你是不是总拖延、完不成目标、焦虑、生活无秩序、工作效率低"改写为具体的痛点场景化描述。

3．打消顾虑，赢得信任

在用户产生购买兴趣的基础上，对于那些让用户存疑或制约用户做出购买行为的因素，需尽可能打消用户的顾虑，赢取用户的信任。常用的方法有以下四种。

（1）权威

借助权威机构或组织的认证、业界权威或知名人士的背书，增强产品的说服力。

（2）数据

利用用户的从众心理，通过产品的销量、用户量、好评率、排名等数据表明产品畅销，激发用户的购买欲望。

（3）细节

为用户提供更具体的产品信息，让用户清晰深入地了解产品的卖点，更容易让用户对产品产生信任感。

（4）正面的用户反馈及评论

展示能解决顾客疑问和满足顾客核心需求的真实评论或成果，以证明产品的卖点和效果，有助于化解用户的顾虑，增强用户的信任。

4．利益引导，促成转化

进一步借助利益引导，如强化产品的销售卖点、价格优势和优惠力度等，让用户看了就产生购买冲动。其中，强化价格优势是软文营销中常用的策略，主要采取价格对比、提供附加价值等方式来激发用户行动。

对于原本售价就不高的产品，可以将其价格与目标用户常用消费品的价格进行对比。例如，针对一堂售价 69 元的线上 PPT 课程，想要表达课程价格优惠，其软文可以如此写：现在只需要一张电影票或一顿饭的价钱，就可以让你掌握一项受用终生的 PPT 技能。

对于原本售价较高、用户购买前可能会产生犹豫的产品，可在用户心理账户重新定义此产品后再进行价格对比。例如，一个售价几百元的高颜值保温杯，在用户心理账户中可能只是一个价值几十元的实用品，而如果把保温杯定义为知名艺人同款时尚装饰品，再与其他价值几千元的时尚单品相比，几百元的售价立刻就变得容易接受了。

4.2.3 微信公众号软文案例解析

关于"前途丛书"的微信公众号软文案例如表 4-2 所示。

表 4-2 关于"前途丛书"的微信公众号软文

软文结构	软文案例	案例分析
标题	**关于选择职业这件人生大事，终于有了一套靠谱指南**	软文的标题通过设置和绑定"选择职业""靠谱指南"等与用户相关且用户感兴趣的关键词及话题，吸引用户兴趣
提升关注，吸引兴趣	你好，我是得到图书的负责人白××。 今天我想花点时间跟你聊聊，过去两年，我们做的一个挺不一样的知识工程，叫"前途丛书"。这是一套由我们得到图书出品的职业选择指南，一本书介绍一个职业，已经出版过《投资人》《建筑师》等。 …… 我说"前途丛书"是个挺不一样的知识工程，是因为除了这套书，目前中国图书市场上还没有一套系统介绍各个职业的图书。而我们之所以坚持要做这套书，**就是希望解决一个困扰了几代中国人的"老大难"问题：如何做好职业选择**	正文开篇就提出了这套书旨在解决"不知道怎么做好职业选择"的痛点，且说明了当前市场上没有同类书，让用户想要立刻往下一探究竟
增强代入感，引出产品	这个问题有多难？ …… 刘老师一下子慌了神：心理咨询师是个什么样的职业呢？她四处打听中国最牛的心理学家都有哪些，好去请教请教。 你看，就算是刘老师这样有视野、有资源的大导演，遇到孩子的职业选择问题也两眼一抹黑，可想而知这件事有多难。这是一个非常典型的场景。 不光是刘老师，**天底下每一位家长、每一个即将毕业的年轻人、每一个想要换赛道的中年人**，或早或晚都要面临这样的**"职业选择"**难题。 怎么办呢？推荐你看看这套"前途丛书"	软文通过讲述知名导演刘老师为孩子未来的职业选择而苦恼的故事，引出不同年龄、身份的人都要面临关于"职业选择"的难题，进一步引起用户的注意，让用户意识到自身的需求，进而引出产品"前途丛书"

续表

软文结构	软文案例	案例分析
打消顾虑，赢得信任	"前途丛书"针对当代人职业选择的两大困境，给出了巧妙的解决方案：把各行各业的顶尖高手集结起来，为你答疑解惑。那具体是怎么解决的呢？我们分别来看。 第一大困境 有感兴趣的职业，但不确定要不要选 我们做职业选择的第一大困境在于，我有一个模模糊糊感兴趣的职业，但不确定要不要选。 …… "前途丛书"为你提供的解决思路直击要害，那就是，请教顶尖高手。 我们发动得到内外的一切力量，邀请到了 12 个职业里的 54 位顶尖高手，每个职业四五位，帮你答疑解惑。 …… 如果你对心理咨询师感兴趣，翻开《心理咨询师》这本书，你会发现，和你围坐一桌的有你可能熟悉的陈海贤老师、李松蔚老师，还有北大临床心理学博士刘丹老师……他们个个经验丰富，等你发问。 如果你对律师感兴趣，翻开《律师》这本书，你会发现……像这样的"豪华顾问团"，现实中，你可能动用自己所有的资源，都没有办法请到。而有了"前途丛书"，你就不用担心选择职业的时候，身边没有高手指点了。 …… 第二大困境 不知道喜欢什么、能干什么 好，说完第一大困境，我们再来看当代人选择职业的第二大困境。相比第一大困境，这类困境更为普遍，那就是：完全不知道自己喜欢什么、能干什么。 …… 总的来说，"前途丛书"真正想要带给你的，不只是一个个热闹的职业，更是一场场有关职业选择的大型预演实验	软文将当代人常遇到的职业选择的两大困境进行归纳总结，并告知用户"前途丛书"是如何帮助人们解决这两大困境的，进一步凸显这套丛书的价值，将其卖点与用户的需求结合，更容易激发用户的购买欲望
利益引导，促成转化	回到我们的主题，如何做好职业选择？推荐你购买"前途丛书"，跟着高手提前演练一遍，找到你内心的答案。特别说一句，我们特意为这套书设计了一个红彤彤的礼盒，寓意"前程似锦"，非常适合送给孩子，也适合送给自己。 一套 12 本，原价 598 元，新书首发，5 折优惠，只要 299 元。不到一次聚餐的成本，不到一节兴趣班的费用，就可以把 54 位顶尖顾问"请回家"，为你或你孩子选择职业指明道路。 现在下单，买一套纸书还送全套的电子书。推荐你立即购买。	软文的结尾对用户进行利益引导，通过不同策略激发用户的购买欲望。 ① 价格折扣优惠：一套 12 本，原价 598 元，新书首发，5 折优惠，只要 299 元。 ② 价格对比策略：不到一次聚餐的成本，不到一节兴趣班的费用，就可以把 54 位顶尖顾问"请回家"，为你或你孩子选择职业指明道路。 ③ 附加价值：为购买用户送全套的电子书 最后，附上便捷的购买渠道——点击图片即可加购丛书，刺激用户立马下单，进一步促进销售转化

4.2.4　长微博软文写作的三种技巧

微博作为一个开放式的社交互动平台，具有实效性强、受众面广、传播速度快的特点，针对微博平台的传播特点，写作长微博软文时可以采用以下三种常见的技巧。

1. 创新内容的呈现方式

由于长微博取消了 140 字的字数限制，其发布流程变得更加快捷简单，平台用户在单位时间内能接收到更多的信息，因此企业之间的竞争变得更加激烈。直接发布长微博软文并不是企业进行微博软文营销的最佳选择，且容易出现两大弊端：一是软文的部分内容会被折叠；二是内容冗长，导致关键信息被用户跳过。因此，为了能摆脱广告标签，在最短的时间内吸引和打动用户，提升用户的阅读体验，企业需要创新软文内容的呈现方式，即将软文做成图片的形式或利用短视频、H5 页面、条漫、动画等方式将软文的内容表达出来，通过视觉、听觉的刺激让用户产生兴趣甚至是情感共鸣，从而大大增加微博的浏览量和转发量。

例如，在中秋节来临之际，故宫食品为宣传自家的中秋月饼糕点礼盒，推出了主题为"朕收到一条来自你妈妈的微信"的 H5 视频广告，获得大量用户关注和转发。这则广告将 H5 页面与短视频结合得恰到好处，以第一人称"朕"的口吻替妈妈传达"圣旨"，通知用户中秋回家吃月饼，进而引出故宫新推出的中秋月饼糕点礼盒。这则广告的内容呈现在保持传统形象厚重历史感的前提下，用幽默搞笑、接地气的表达方式，开门见山又不显突兀地让用户产生共鸣，了解并购买商品。

2. 包装话题引发共鸣

微博软文通过运用具有争议性的内容或从能引起大众情感共鸣的话题切入，抑或用故事对话题进行包装，有助于增加软文的点击量和转发量，进一步扩大企业的知名度。

例如，丰田汉兰达为俘获 25 ～ 34 岁的汽车市场的核心用户人群的心，针对众多年轻人困惑热议的痛点话题，打造趣味条漫《人到 30 岁应该明白的 11 件事》，其场景化的内容使用户迅速抓住重点，产生情感共鸣。条漫结尾自然推出汉兰达车型，树立品牌年轻化定位。紧接着，汉兰达联合新浪新青年打造"30 岁的 Plan B"话题，讲述两位车主的 30 岁的人生故事，生动塑造出汉兰达在年轻人逐梦过程中的陪伴者形象，让汉兰达成功地拉近了与年轻用户的距离，实现有效的情感沟通。

3. 借势热点互动营销

基于微博平台快速聚合关注和快速引发传播的特点，企业在发布微博软文时，应寻找与自身品牌定位契合且符合广大用户兴趣和口味的热点进行借势营销，这有助于快速引起用户的自发传播和广泛热议，在实现用户广泛覆盖的同时，大大提升品牌的知名度和好感度，从而有效提升营销效率。

除了借势热点，还可借助名人的影响力进行造势。善用微博"@"这一功能，通过在微博中"@"知名艺人、意见领袖或其他企业的品牌，联合造势。一旦企业发布的微博被他们回复或转发，就会带动大量的粉丝参与互动和自发传播，有助于充分发挥软文营销的势能，提高品牌声量。此外，在软文中设置与粉丝互动的内容也是至关重要的环节。通过给粉丝提供专属福利或有价值的内容引发其情感共鸣，从而增强粉丝对产品的购买意愿，最终实现知名艺人等的粉丝向品牌自有粉丝的转化。

4.2.5 长微博软文案例解析

关于康师傅泡面的长微博软文案例如图 4-6 所示。

图 4-6 康师傅泡面长微博软文案例

1. 创新内容的呈现方式

时隔 4 年的世界杯盛会来袭，又到了全民深夜看球吃夜宵的时刻，康师傅选择从与熬夜看球高度契合的自身产品特质出发，通过创新内容的呈现方式进行场景营销，利用《8 种泡面的吃法》软文、3 分钟创意短视频、长图和原创街采视频等多维度内容触达用户，持续强化品牌诉求和对用户的心智占领，从而实现产品的高效推广。

2. 包装话题引发共鸣

首先，揭幕战当天，康师傅联合新浪新闻围绕深夜看球场景推荐美食，在微博抛出软性话题"深夜看球吃泡面有多爽"，并借由该话题发起大赛，引导用户积极分享讨论，建立"看球夜吃康师傅泡面"的场景联想。

其次，小组赛期间，康师傅携手著名体育评论员拍摄 3 分钟创意短视频，分享看球场景下关于工作、亲情、爱情的 3 个故事，营造深夜看球时康师傅带来的温暖一"面"，并同步发起星选任务，通过发放奖金激励网友分享观片感受和深夜看球吃面故事，吸引大量 KOL 和关键意见消费者（Key Opinion Consumer，KOC）分享，引发热议。此外，由该视频衍生的"深夜藏着温暖一面"的情感话题引发用户共鸣，持续制造与球迷用户的情绪共振。

紧接着，1/4 决赛期间，康师傅联合新浪发布《8 种泡面的吃法》长图，推荐康师傅方便面的花式吃法，"种草"球迷用户。同时，康师傅携手新浪新闻通过原创知识产权（Intellectual Property，IP）栏目《热浪来了》发布原创街采视频，邀请球迷分享难忘的看球时刻和观赛美食搭配等。

3. 借势热点互动营销

作为"深夜球赛伴侣"，非官方赞助商的康师傅通过借势世界杯热点，绑定赛事全程和各焦点赛事，深度洞察用户的需求和兴趣点，持续打造"今晚看球夜来碗康师傅"的相关热点话题运营和互动营销，最终实现了品牌口碑和产品销量双丰收。

4.3　问答类平台软文

基于用户习惯通过搜索相关问题来找到所需信息及消除疑惑，企业在问答类平台投放软文更容易被用户搜索到，并能够直接影响用户的购买决策。例如，百度知道、头条问答和知乎等搜索排名靠前且具有较大流量的问答平台，适合作为企业进行软文营销的载体，进一步提升企业品牌或产品的知名度和美誉度。

4.3.1　问答类软文写作的两种技巧

用户通过提出问题或搜索相关问答来解决疑惑、查看相关品牌或产品的口碑，以辅助自己做出购买决策。而企业则可通过撰写问答类软文唤起并强化潜在用户的购买需求，为其提供购买方面的参考信息，辅助其进行评价和风险分析，最终达到推动品牌推广、促进产品销售等营销目的。

企业制定有针对性的问答营销策略，既能与潜在用户零距离地互动，消除他们的疑虑，促使他们产生购买意愿；又能将自己的品牌或产品巧妙地植入问答中，让企业品牌或产品得到全方位的展示，有利于树立企业形象，增强品牌或产品的好感度和美誉度。

企业进行问答类软文营销的具体操作主要分为两种类型：一种是回答问题型，指企业在各问答类平台搜集与企业品牌或业务相关的问题并对问题进行解答；另一种是自问自答型，指企业站在用户的角度来思考问题，并结合自身的品牌或产品的需求设定和回答问题。新品牌或新产品由于在网络上能搜索到的相关问题较少，因此一般会采取自问自答的方式进行营销。

1. 设置问题

自问自答型的问答类软文，其问题的类型主要分为品牌口碑类、产品品质类、价格询问或比较类、活动促销类、竞争对手对比类及品类比较类等。以华为手机为例，相关问题设置如下。

① 品牌口碑类问题："华为手机怎么样""华为手机售后怎么样"。

② 产品品质类问题："有人用过华为 Mate 50 吗？好不好用""华为 Mate 50 有哪些优缺点"。

③ 价格询问或比较类问题："华为 Mate 50 的最新报价是多少""华为 Mate 50 和小米 13 的价格分别是多少？哪款性价比更高"。

④ 活动促销类问题："'双 11'华为 Mate 50 手机会降价吗"。

⑤ 竞争对手对比类问题："华为 Mate 50 与小米 13 相比，哪款手机的运行速度更快"。

⑥ 品类比较类问题："哪款安卓手机的运行速度快且拍照效果好"。

练一练

佰草集日照防护霜 SPF15 是一款植物护肤防晒产品，其主打卖点是含有丰富的草本精华成分，在减少紫外线对皮肤的伤害的同时，还能够修复干燥肌肤。假如你负责该品牌的问答类软文营销，你会提出哪些问题？请分别按以下分类设置问题。

1. 品牌口碑类问题。

2. 产品品质类问题。

3. 价格询问或比较类问题。

4. 活动促销类问题。

5. 竞争对手对比类问题。

6. 品类比较类问题。

2. 回答问题

企业一般可以通过在问答类平台搜索品牌、产品、活动等关键词搜索到相关的问题并进行回答。回答的内容要求准确客观、全面详细、真实可信。

（1）准确客观

回答的内容要与问题息息相关，提供的答案信息要精准到位、清晰合理；观点的表达要保持中立，减少主观情感及意见的表达；语言、措辞要准确客观，把握好尺度。

（2）全面详细

从提问者的角度进一步拆解问题，明确何种答案更符合提问者的需求和期望，运用逻辑化的思考及结构化的表达对复杂的问题抽丝剥茧，从不同角度和层面对问题进行全面详细的解答；并在此基础上结合企业的营销目标，自然地植入品牌或产品的推广信息。

（3）真实可信

回答问题要遵循实事求是的原则，切忌自吹自擂、过度广告化。在答案的末尾还可附上内容的来源、出处及相关参考文献等资料，这样既能满足想要深入研究该问题的用户的需求，又能提升答案内容的可信度和说服力。

4.3.2　问答类平台的分类及特点

在搜索引擎中随意搜索一个问题，都能进入不同的问答类平台。目前网络上的问答类平台众多，主要分为综合类问答平台和垂直类问答平台。

1. 综合类问答平台

（1）平台介绍

综合类问答平台主要是由搜索引擎及新闻资讯网站或论坛推出的，致力于为用户提供快速、精准、翔实的提问与解答的平台。其问题类别较为齐全，从经济发展到教育、社会民生，从历史文化到娱乐生活，从科技进步到实用技能等，各个领域的知识和信息都有。这类平台有知乎、百度知道、搜狗问问、360问答、搜狐问答、新浪爱问知识人、头条问答等。

（2）平台特点

① 易于搜索。当用户在对应搜索引擎搜索相关问题时，会让本平台的回答更容易被搜索到。如使用百度搜索引擎搜索问题，百度知道上的回答会更容易出现在搜索结果中靠前的位置；而使用搜狗搜索引擎搜索问题时，搜狗问问的回答更容易出现在搜索结果中靠前的位置。

② 流量大。因问题类型繁多且易于搜索，精准的回答更易于获得大量流量和更多曝光。

2. 垂直类问答平台

（1）平台介绍

垂直类问答平台是指专注于具体行业或领域的问答平台。如专注于医疗领域的有问必答、39 问医生，专注于房地产领域的房天下问答，专注于母婴育儿领域的宝宝知道、贝贝育儿、PCbaby 快问，以及专注于旅游问答、游戏问答等不同领域的不同问答平台。

（2）平台特点

① 人群精准。因平台集中回答某一行业的问题，企业做问答营销时人群更精准。

② 行业针对性强。因人群精准，企业可集中回答相关问题并植入软文。如与育儿问答相关的奶粉类企业可围绕喂养类、营养类问题进行解答。

企业在实际选用平台时，需考虑综合类问答平台及垂直类问答平台同步运作，既要兼顾易搜索的综合类问答平台，也要在垂直类问答平台中做深做透。

练一练

假如你负责一款婴儿推车的问答营销，你会选择哪些问答平台？

1. 综合类问答平台：百度知道、搜狗问问、360 问答、搜狐问答、头条问答等。

2. 垂直类问答平台：宝宝知道、贝贝育儿、PCbaby 快问等。

3. 综合类与垂直类问答平台均选，并在垂直类问答平台投入更多的精力。

4.3.3　百度知道的软文写作技巧及案例

百度知道是一个基于搜索的互动式知识问答分享平台。用户在平台上提出有针对性的问题，平台通过积分奖励机制发动其他用户来回答该问题。百度知道最大的特点就在于与搜索引擎完美结合，让用户所拥有的隐性知识转化成显性知识。用户既是百度知道内容的使用者，同时又是百度知道内容的创造者。百度知道通过用户与搜索引擎的相互作用，实现搜索引擎的社区化。

其他综合类问答平台与百度知道相似，如搜狗问问是基于搜狗搜索引擎的问答平台，360 问答则是基于 360 搜索引擎的问答平台，等等，因此，其问答形式均存在相似性。下面以百度知道为代表，分析以搜索引擎为基础的综合类问答平台的软文写作技巧及案例。

1. 百度知道的软文写作技巧

（1）关键词设置

为了让百度知道的提问及回答更容易被用户搜索到，在问题和答案中都应合理地设置与企业品牌或自身业务相关的关键词。企业应从目标用户的角度出发，在对目标用户、市场和平台进行综合评估的基础上明确需要推广的关键词。关键词的设置应尽可能精准、简短。

（2）回答内容

回答内容应准确全面，适当合理延伸，能够有针对性地解决用户的疑问和困惑，有助于用户深入地了解和掌握所需的信息；字数在 500 字左右为宜。答案中传达的观点需中立客观，避免偏激的臆断给用户造成误导；不要过度广告化，不要发布违反法律法规及违背道德规范的内容。

（3）回答框架

为了使内容逻辑清晰，便于用户阅读和理解，一般采用"总分总"的结构回答问题，即首先用一句话总结性地回答提问，给出明确的判断或结论，接着围绕这个结论分成几点展开论述，最后对结论进行总结和强化。在论述部分，还可通过罗列"1、2、3……"点来陈述，使得内容更直观清晰，表达更有条理。此外，还可在回答中加入与内容相关的精美图片，让内容更加生动且易于理解。

2. 百度知道的软文案例

案例一：关于护眼灯的百度知道问答软文案例。

问题：台灯（护眼灯）什么品牌好？××××（品牌名）护眼灯怎么样？有人用过吗？

回答：××××（品牌名）的护眼灯真的挺不错的。现在的护眼灯品牌非常多，但是很多牌子的质量是不合格的，今年的"3·15"就曝光了一些不合格的护眼灯品牌，所以大家在选择的时候一定要慎重，建议选择大品牌。××××（品牌名）护眼灯是由专业医师研发的，光源由美国进口，光线很舒服，写字没有重影，能有效预防蓝光危害。另外，在今年××××（机构名称）抽检 173 批次的检查中，合格的仅 3 家，××××（品牌名）就是其中一家，质量有保障。××××（品牌名）护眼灯，有网上旗舰店，在线下单，物流快，服务也好，还提供三年的免费保修服务。孩子学习使用可以购买这款（旗舰店购买链接），希望我的回答对您有帮助！

（1）关键词设置

在问题及答案中有意识地植入了用户关注的品类关键词及企业需要做推广的品牌关键词。其中，品牌关键词为 ××××（品牌名），品类关键词为"台灯""护眼灯"。

（2）回答内容

回答的内容精简扼要，在保证内容尽量客观中立的前提下，凸显产品的优势。案例先针对××××（品牌名）护眼灯的相关提问做出结论性的回答；接着围绕这一结论分别说明理由，如从专业医师研发、光源由美国进口、光线很舒服、抽检合格、有效护眼等方面论述选择××××（品牌名）护眼灯的理由；最后在文末说明购买福利（三年免费保修服务），给出购买链接。

案例二：关于带摇篮的婴儿床的百度知道问答软文案例。

问题：带摇篮的婴儿床多少钱？

回答：儿童家具品牌有很多，价格也有较大的差异，若想拥有好的东西，就得多了解这些东西。不要怕浪费时间。在众多儿童家具品牌中，比较推荐的是××××（品牌名）儿童家具。××××（品牌名）儿童家具是比较实惠的，××××（品牌名）携手意大利殿堂级设计师，精心设计儿童家具的每一个细节，为每一位萌娃量身定制梦想中的儿童房。××××（品牌名）儿童家具有四个核心设计要素：安全舒适、学习玩耍两不误、收纳扩容、板材环保。××××（品牌名）儿童家具有 12000 名设计师，在全国 500 个城市有 800 家门店，成为万千爸妈一致的选择！ 2024 年××××（品牌名）与你一起遇见孩子心中的那个儿童房！推荐阅读：原来这才是孩子想要的儿童房，我们都错了！（该品牌文章链接）

案例二中回答的内容与提问关联性不大。问题中询问的是带摇篮的婴儿床的价格，但回答的却是与儿童家具相关的内容，还生硬地进行广告植入。这种答非所问的回答，不仅不能起到真正的品牌推广作用，还容易造成用户对品牌的反感。因此，回答问题时应紧扣提问，在能够真正帮助用户解决问题的前提下植入相关的品牌信息，更易于用户接受企业所做的推广。

练一练

1. 现需给一个品牌名叫"象印"的保温杯设置问答，该保温杯的特点是能够保温 8 小时，你会如何设置问题和回答？

① 问题：

② 回答：

2. 尝试去百度知道回答一个问题，体验回答问题的流程。

4.3.4 头条问答的软文写作技巧及案例

头条问答是今日头条推出的问答类社区。借助今日头条庞大的用户群体以及大数据算法优势，头条问答能自动匹配问题和回答，让用户无须费心搜索就能查看到自己关心的问题和答案。此外，用户在社区内进行的回答、点赞、评论、关注等行为，将获得不同级别的系统评分，评分会影响回答的推荐展示权重。凭借这一机制，头条问答可以在海量回答中筛选出最有价值的回答展示给公众。

1. 头条问答的写作技巧

（1）设置问题

问题的设置及描述应当真实、理性、客观，不带个人色彩；立意明确，有针对性，避免重复啰唆，让用户容易阅读和理解。问题的用语要精准规范，便于被系统收录并推荐给有相关需求的潜在用户。此外，问题设置还要适当与热点及容易引起多数人共鸣的话题结合，以增强问题本身的话题性和讨论性，引起更多用户的关注。

（2）回答内容

回答要坚持原创，贴合题意，做到与提问紧密相连，避免涉及其他与问题毫无关联的内容。回答的内容要具体充实，做到言之有物，切忌泛泛而谈和毫无意义。此外，与百度知道不同，头条问答的回答不能有过于明显的广告痕迹，不能直接放入推广及购买链接。

（3）回答框架

头条问答中常用的回答问题的形式是清单体验式，以分享个人的使用体验、经验和知识为前提，并列式地列出观点，全面详尽地解答问题。为了使表达更清晰、内容更易于理解，可以使用首先、其次、再次、最后等连接词或用数字1、2、3、4等进行罗列，并配上与内容相符的图片加以解释。

2. 头条问答的软文案例

关于化妆刷牌子推荐的头条问答软文案例。

问题：有什么物美价廉的化妆刷牌子推荐吗？

回答：给你推荐几款还不错的化妆刷。

一、××××（品牌名1）粉底刷

这款大热的粉底刷简直太火了，而且是众多美妆达人都在用的一款，曾获COSME工具类榜单第一名。用它上粉底能让妆面均匀。刷毛的长度刚好，毛质细腻，不会有扎脸的情况出现。刷杆的弧度合适，手拿起来也很方便。最贴心的是这款刷子配有皮套，用完可直接收起来。

二、××××（品牌名2）化妆刷

这个牌子虽然已经被很多人推荐过，但是我还是要再极力推荐一次，它是真的非常好用，性价比特别高。刷毛很软，主要是人造纤维毛，用着非常舒服且容易清洗。

这个牌子的化妆刷很适合新手入门，有眼部遮瑕刷、基础眼影刷、晕染刷、眼线刷、斜角眉刷。我觉得这个牌子真的特别值得新手买！

……

（1）设置问题

结合目标用户的需求"物美价廉的化妆刷牌子"设置问题，言简意赅、直截了当地点明问题。此外，在问题中植入明确的分类或品类"化妆刷"，增加问题被用户看到的概率。

问题描述可以是对问题的补充说明，也可以简述自己的观点来抛砖引玉、引发讨论。在这个问答中，问题描述建议可以解释一下提问者认为的"物美价廉"的定义，如"价格在200元以内、至少能用5年的化妆刷"等，以确保问题包含足够的信息量，这有利于用户获取更明确的答案，满足用户的期望。

（2）回答内容

以用户或第三方的口吻，通过清单体验式一一列出物美价廉的化妆刷品牌，给目标用户提供真实客观的建议，同时植入推广品牌的卖点。这种写法既能给目标用户提供全面清晰的信息，增强用户的信任感，使其产生购买兴趣，又能不露痕迹地植入广告，达到品牌推广、口碑引导等营销目的。

4.3.5　知乎的软文写作技巧及案例

知乎是一个真实的网络问答社区，用户分享彼此的专业知识、经验和见解。与百度知道有所不同的是，知乎更像一个论坛。用户围绕着某一感兴趣的话题进行讨论，提供高质量的信息；同时还可以关注兴趣相同的人。知乎鼓励在问答过程中进行讨论，以增强问题的发散性。相对于其他问答平台，知乎的回答较为系统、有深度，形成了鲜明的"知乎体"。

1. 常见的知乎体提问句式

① "×× 是一种什么样的体验"，如"南方人到北方读大学是一种什么样的体验"。

② "如何 ××"，如"如何评价淄博的烧烤"。

③ "如何看待 ××"，如"如何看待未来十年纯电动汽车市场"。

企业选择在知乎平台做问答营销，可在平台上选择与企业品牌或产品相关的问题进行回答，也可以主动提出与自己品牌或产品相关的问题，自己回答或邀请其他用户回答。

在知乎上有一个问题"LEGO（乐高）有哪些经典款产品"。搜索阅读这个问题，你觉得这个问题是企业提出的还是网友提出的？为什么？

2. 常见的知乎问答的回答方式

（1）经历体

经历体主要讲述和分享自己或朋友的故事、经历，并在故事中或故事末尾植入品牌或产品的广告。

案例：关于科大讯飞翻译机的知乎问答软文案例。

问题：2023年想出国旅游，科大讯飞翻译机是不是必带好物？

回答：终于到了能够出国旅游的时候，对许多人来说，也许是三年来第一次出国，你们准备好带什么了吗？

想起即将到来的出行，我居然感到忐忑，提前一个月就开始准备要带的东西。我本着仔细再仔细的原则，好好回顾了旅途中曾经遇到的麻烦，畅想了即将发生的旅行场景——语言是我们在旅行中不得不考虑的因素。

旅行中我们当然时常用英语作为"世界语言"进行交流。我去过许多国家，包括大家眼里非常小众的地方，谈起旅行时大家好像都默认像我这样经验丰富的旅行者肯定不会有语言方面的问题。**然而实际上，哪怕我自认为英语还算流利，依然会时不时在旅途中遇到交流问题，有几次印象深刻的经历。**

在丹麦法罗群岛的一个小镇，我找到了镇上唯一的小卖部，想要买一杯热巧克力喝。店主老太太讲着当地语言，过了一会儿看我不明白，又费劲地换了一种语言（我猜可能是丹麦语），可我依然听不明白。自然，她也不明白我说的英语，这对她来说也超纲了。

这样的场景其实在旅行中经常会发生，不用在法罗群岛那么偏远的地方，**在挪威奥斯陆买公交车票时、在意大利马泰拉点菜时，我都遇到过类似场景。**哪怕像奥斯陆这样的，算得上发达国家的大城市，也不能指望当地人都能用英语沟通。当然可以选择手机翻译软件作为辅助，但问路、点菜，**这些基本的旅行场景里，有时翻译不够准确引起的误解也许就会给自己带来很多麻烦。**

更糟糕的是，如果遇到没有网络信号的时候，甚至无法使用手机翻译软件。

比如我曾经坐过从莫斯科到符拉迪沃斯托克的火车，大约一周的时间都在火车上度过，这一路上大部分时间里，手机都没有信号。同车厢的旅客、列车员等，我一路上遇见的人，都只会说俄语，我无法用英语与他们进行交流。

……

哪怕不是看起来这么"必须"的场景下，也时常有那么一些情况，让我有一些语言交流的困扰。**在旅行中时常会遇到一些专业性的、科普性的交流，以我的日常英语水平无法进行这样深入的专业交流**。比如我曾经乘坐邮轮前往北极斯瓦尔巴群岛，船上探险队队员会讲解许多科学知识……

现在回想起这些事情，有后怕，也有遗憾。交流与沟通是旅行中必不可少的一件事，如果能够用更准确的语言进行交流，那旅途自然会更顺畅，体验也定会更深刻、更丰富。

三年没有出国，我制订了一个长旅行计划……

我的旅行计划，简直集齐了我前面提到的**三个旅行中的语言交流难点**：

1. **非英语国家**；

2. **无信号场景**（邮轮上有 Wi-Fi，但航行到太靠北的位置的时候可能没有信号，登陆时也没有）；

3. **专业科普需求**。

根据这样的旅行计划，我觉得语言问题还是要想办法好好解决一下，不能让这件事影响我期待了那么久的旅行。

在研究了市面上各种翻译 App 和翻译机之后，我深刻意识到与其找个不成熟的解决方案，不如找个更专业的——我决定入手**科大讯飞翻译机 4.0**。（旗舰店购买链接）

它有 **83 种语言的在线翻译功能**，我看了一下语言清单，能去的和想去的国家的语言都有；它有 **16 种语言的离线翻译功能**，英、日、韩、俄、法、西、德、意等，基本上主流的语种都有；它还有 **32 种语言的拍照翻译功能**，餐厅、博物馆这样的场景的翻译问题也解决了；在翻译效果上，它的**中英翻译效果能媲美专业英语八级水准**，特别在我所看重的专业领域的翻译上拥有非常好的效果，科研专用词汇也很丰富。

我拿到科大讯飞翻译机 4.0 之后的第一件事，就是打开荷兰国家美术馆网站的相关页面，让它尝试翻译，用的是**拍照翻译功能**。无论是博物馆的规则，还是画作资料，还是画家介绍，对科大讯飞翻译机 4.0 来说都毫无难度。我选择这样的网站还存了一点刁难的心态，要知道名字一直是翻译 App 的难点，一般的翻译 App 根本做不到准确识别人名。接着，我又打开了这次打算走的西北航道航线官网介绍，同样是用拍照翻译功能，翻译同样毫无难度。最后，我试了一下**语音翻译功能**，翻译的是 BBC 纪录片《蓝色星球》。要知道这类纪录片总会有巨大的背景音，比如我打开的这一集，伴随着解说词的是巨大的海浪声。在这样艰难的情况下，科大讯飞翻译机 4.0 的翻译依然没有问题。

尝试之后，我觉得科大讯飞翻译机 4.0 简直比我期待的还要好。那就安安心心带着它出行吧。（旗舰店购买链接）

① 设置提问。"2023 年想出国旅游，科大讯飞翻译机是不是必带好物"运用了知乎体提问句式，为"讲述过往出国旅游因为语言不通遇到种种问题的经历"的回答内容做铺垫。

② 回答内容。通过讲述过往出国旅游因为语言不通遇到种种问题的经历，让用户意识到自身相似的困扰和痛点需求，从而引出产品科大讯飞翻译机 4.0，并在介绍产品卖点的时候与用户的需求绑定，告知用户该产品刚好能解决他们出国旅游由于语言不通遇到的一系列问题。与此同时，通过场景化描述该产品的应用场景及提供自己的试用体验，进一步证明产品的卖点和效果，有助于消除用户的顾虑，赢得用户的信任。

练一练　　在知乎上搜索"2023 年五一想出国旅游，科大讯飞翻译机是不是必带好物"，并阅读问答的全文。

（2）专业回复体

通过运用相关行业或领域的专业知识解答用户的问题，并在解答过程中植入广告，既能体现企业在相关问题上的专业性，又能实现企业品牌及产品推广的营销目的。

案例：关于海尔智慧生活的知乎问答软文案例。

问题：家电界有哪些优质的家电品牌？

回答：小海可以给大家简单介绍几个优质的品牌，供了解参考。

瑞典的 ASKO 作为欧洲最大的家电制造商，以设计和制造高端的厨房和洗衣间的电器为人们所知晓……**德国美诺 Miele** 创立于 1899 年，是享誉世界的品牌，它所出品的嵌入式烤箱、蒸炉、食物保温机、微烤一体机等完全凸显了家电产品高端舒适的特性以及生活艺术性……同为家电界高端品牌的**美国 GE** 可以说是全球最大的家用电器制造商之一，它打造的家电产品不仅代表了用户的品位，更在产业标准以及低耗能方面受到人们的追捧……**意大利 SMEG** 作为世界上最大的专业厨电生产商之一，有着七十余年的历史。它的厨电产品由著名设计师设计，从产品外观到内部功能性技术一直不断经历着革新，产品也都采用自动化生产技术……

斐雪派克是新西兰高端电器品牌，是新西兰最大的技术型公司。"有灵魂的产品"，是其独特的品牌精神，其被誉为极具创新思想的厨电品牌……PML公司（斐雪派克生产设备有限公司）的搭载直驱变频电机的洗衣机，**能够极大地降低运行噪声**；应用气悬浮无油压缩机技术的冰箱，可以实现冰箱内部储鲜温度波动趋近于零，**能够为食材提供精确、稳定、持久的储鲜环境。自2012年起，斐雪派克也成为海尔集团旗下的一员。**

国内也不乏高端家电品牌，比如知名度极高的**卡萨帝**。卡萨帝的品牌定位为"创艺家电、格调生活"，旨在诠释卡萨帝"传承意大利的艺术传统，依托全球设计和制造资源，以富含人文关怀的艺术家电和嵌入一体化橱电产品，携手热爱生活的精英人群，共同打造格调生活"的品牌内涵。

作为海尔旗下高端品牌之一的卡萨帝在全球拥有14个设计中心、28个合作研发机构，同时还拥有300余名国际知名设计师，在产品制造与设计上，每一步都经过层层钻研与打磨。对卡萨帝来说，它不止于艺术的灵魂与精湛的工艺，还将全球的先进科技因子融入产品内部，在艺术性和实用性上，创造出颠覆性的用户体验。凭借对消费者的了解和关注，卡萨帝产品获得了许多技术专利，如变频静音、风幕8°、斜置双进风风道、自清洁技术等。

卡萨帝自由嵌入式六门冰箱就是一个很好的例子。它采用了橱柜一体的设计，创新应用了涡流动态杀菌技术，有效实现了细胞级养鲜，并提供给用户健康原味，再加上干湿分储的先进保鲜技术和红外恒温技术，保证了食材的储鲜状态。因此即便是存储母婴食材也不用担心温度和杀菌方面的问题。

随着国内企业在智能技术领域的开发创新和与国外企业的合作优势互补，未来或许会看到更多国内的家电品牌出现在家电榜单上。希望小海的回答能够对你有所帮助。

① 设置提问。在问题中植入明确的品类"家电"，有利于增强有购买家电欲望的用户的关注度。

② 回答内容。从专业的角度，以并列式的表达方式向用户推荐国内外优质的家电品牌。在介绍这些家电品牌及其主推产品卖点的同时，自然地植入企业及品牌信息，强化企业自身在该行业和该专业领域的优势，暗示用户好几家国外知名家电品牌都已被海尔集团收购，可见其实力的雄厚和技术的专业，有利于增强用户的信任。最后引出海尔旗下的高端品牌"卡萨帝"及该品牌产品的卖点，实现企业营销推广的目的。

课堂讨论

在上述问答中，海尔为何除了介绍自己的品牌和产品外还介绍了其他的品牌？这种回答方式有什么作用？

4.4　个人社交类平台软文

随着社交网络的逐渐成熟，微信、微博等社交类平台积累了庞大的活跃用户群体，越来越多的企业和商家纷纷将目光转向个人社交类平台。由于个人社交类平台软文具有内容简单、操作简单、互动性强及可随时随地查看等特点，企业和商家开始选择在个人社交类平台上进行广告投放和软文推广。

4.4.1　个人社交类平台的分类及区别

常见的个人社交类平台主要有微信、微博及 QQ 这三大平台。它们都是人们日常生活中使用非常频繁的通信和社交工具，但三者在用户群体、传播范围及社会关系强度等方面存在着一些差异。

1．主要用户群体有所区别

微信的用户群体以一二线城市的白领为主；微博的用户群体则以 17 ～ 33 岁的青年群体为主；QQ 的主要用户群体是"95 后"的年轻群体，以学生和三四线城市的上班族为主。

2．传播的范围不同

微信朋友圈相较于微博而言，是较为私密的圈子，有访问权限。微信朋友圈发布的软文只能在自己的圈子内传播，只有相互认识的好友才能看到信息并参与互动。微博则是一个全开放的社交空间，推广的软文和发布的信息能够被好友及陌生人看到，其开放的特性有利于内容及话题的快速扩散。微博平台还拥有大量的知名艺人、知名媒体和关键意见领袖资源，因此，基于知名艺人、关键意见领袖创意内容的产出，有利于迅速提升品牌的知名度及影响力。QQ 空间则是介于微信和微博之间，不是完全封闭也不是完全开放的空间，允许朋友的朋友参与互动和评论。

3．社交关系强度不同

微信朋友圈是用来管理"强关系"的，即熟人关系中的亲朋好友、同学及同事等真实的关系链；微博则是用来管理知名艺人、认证用户等"弱关系"的关系链的；QQ空间是用来管理熟人与不熟的人之间的关系链的。

4.4.2 个人社交类平台的三大特点

1. 用户体量大

腾讯和新浪发布的 2022 年第四季度财报数据显示，微信全球合计月活跃用户数达到 13.13 亿人，微博月活跃用户数达 5.86 亿人，QQ 月活跃用户数达到 5.72 亿人。可见，微信、微博和 QQ 等个人社交类平台已拥有庞大且活跃度高的用户群。凭借其用户规模的优势，微信、微博和 QQ 等个人社交类平台已成为人们日常联系和交友不可或缺的工具，成为企业和商家软文推广、信息发布和"粉丝"交流互动的重要平台。

2. 交流便捷

微信、微博和 QQ 等个人社交类平台打破了传统的交流沟通模式，让人们的交流不受时间和空间的约束，实现实时的无障碍沟通。个人社交类平台的实时性和便捷性主要体现在两个方面：一方面，企业和商家通过平台实时发布软文及传递有效信息，让用户能够及时地了解所需产品的相关资讯和信息；另一方面，企业和商家能够一改往日单向传递的关系，通过平台实现与用户的互动，在了解需求和提供帮助中建立二者的关系，有助于提升用户的体验感及忠诚度。

3. 传播互动强

在微信、微博和 QQ 等个人社交类平台发布软文，用户能随时随地查看软文，并对软文进行点赞、评论及转发。此外，用户还能查看好友对于该条软文的点赞和评论并与之互动，这既能满足用户与企业或品牌方的沟通交流需求，又能满足用户与好友互动分享的社交需求。因此，一条优质的软文在个人社交类平台发布，更容易获取用户信任、被用户分享及多次传播。

4.4.3 微信朋友圈软文写作的四种技巧

基于微信朋友圈的用户快速浏览内容的阅读习惯，微信朋友圈软文要求言简意赅、短小精悍。微信朋友圈软文包括以下四种常用的写作技巧。

1. 文字精简，突出卖点

在信息碎片化时代，用户的注意力变得越来越难集中。据统计，用户的注意力只能维持 3 秒，这意味着用户看朋友圈软文的耐心只能维持 3 秒。在这 3 秒内，用精简的文字突出产品的优点和卖点，迅速抓住用户眼球，是朋友圈软文写作的关键。

微信朋友圈软文虽然没有字数限制，但是超过 6 行的内容会被折叠，这就要求微信朋友圈软文的撰写者用精简的语言，突出产品一两个最能吸引用户注意的核心卖点，而不是把产品的所有卖点都罗列出来。突出产品的卖点主要有以下两种表现方式。

① 以场景叙述引出产品的卖点，促使用户产生代入感。图 4-7 为关于父亲节蛋糕推广的朋友圈软文。软文用符合父亲节场景的句子"成为父亲前，他是对抗世界的超人 成为父亲后，他是守护家人的英雄"引起用户共鸣，进而引出印有"SUPERMAN"（超级英雄）字样的父亲节主题的伯爵茶、橙子与巧克力混合口味的蛋糕，并配图告知用户现在购买享满减优惠，促使用户成交。

图 4-7 微信朋友圈软文 1

② 以问句引出产品的卖点，激发用户的好奇心。图 4-8 所示的软文用一个疑问句"会发光的房子，你见过吗？"巧妙地凸显产品的卖点，激发用户的兴趣与好奇。

图 4-8 微信朋友圈软文 2

2. 内容借势，制造话题

软文内容的借势营销是指企业通过将自身的产品推广软文与具有新闻价值及社会影响力的热点人物或事件结合起来，从而提升软文的曝光度及用户的关注度，以求提高企业或产品的知名度和美誉度，树立良好的品牌形象，并最终促成产品或服务销售转化。不过，并不是所有的重大事件都必须"蹭热点"，软文撰写者需考虑该事件与自身品牌结合的合理性和贴合度。好的借势营销应该围绕自身的品牌或产品优势制造话题，让宣传推广如虎添翼，事半功倍。软文借势营销主要有以下两种方法。

① 借助热门IP或名人效应，吸引用户眼球。如运动品牌安踏通过紧跟北京冬奥会节奏，在微信朋友圈投放软文广告，和亿万用户一起为中国健儿摇旗呐喊，将国产老品牌的"中国魂"展现得淋漓尽致，安踏的品牌影响力也随着用户热情的爆发，热度节节攀升，如图4-9所示。

② 借助节日效应，唤起用户的情感需求，促成销售转化。如洗衣液品牌奥妙以母亲节为契机，用对话将用户带回妈妈不辞辛劳为自己洗衣服的情境中，进而鼓励用户为妈妈洗一次衣服，从而引发用户共鸣，促成转化，如图4-10所示。

图4-9 微信朋友圈软文3

图4-10 微信朋友圈软文4

3. 创意活动，促进互动

通过在朋友圈策划有话题性的、共鸣性的、趣味性的、奖励性的多样化创意活动，能够吸引更多的用户参与互动。只有让他们充分参与活动，实现良好的互动，才能增强彼此的联系。如口香糖品牌绿箭利用简洁易操作的交互流程及趣味性的内容，打破了用户原创内容（User Generated Content，UGC）互动类朋友圈软文的纪录，共有超过60万的用户创建及回复了话题，如图4-11所示。

图 4-11　微信朋友圈软文 5

4. 善用评论，促成交易

由于微信朋友圈的文字内容超过 6 行会被折叠，因此要善用朋友圈的评论功能。利用评论内容无折叠的优势，将被折叠的内容在评论区再发一遍，或将重点信息补充完整，让用户能够全面清晰地了解产品或服务，如图 4-12 所示。此外，在评论区对用户提出的常见问题进行解答，增强企业与用户之间的互动，有利于打消用户疑虑，获取用户信任，从而提升产品的成交率。

图 4-12　微信朋友圈软文 6

4.4.4　微信朋友圈软文案例解析

关于瑞幸咖啡的微信朋友圈软文案例如图 4-13 所示。

图 4-13　微信朋友圈软文案例

1. 文字精简，突出卖点

软文用一句符合当下场景的感叹句"今晚为巴西加油"引起用户的注意，配上瑞幸为庆祝签下巴西咖啡豆超大订单，预祝巴西夺冠的图片，引出"巴西若夺冠，瑞幸送大券"的领券福利活动，并从侧面告知用户瑞幸将以充足的巴西原产地优质咖啡豆为咖啡品质保驾护航。

2. 内容借势，制造话题

借着 2022 年世界杯四分之一决赛的话题热度，又恰逢瑞幸签署了 4.5 万吨巴西豆采购计划，瑞幸趁势推出 4.5 折领券福利活动，预祝巴西夺冠，从而迅速提升品牌曝光度和增强用户对品牌的认同感。

3. 善用评论，促成交易

善用评论区，在评论区补充完整关键优惠活动信息，号召用户参与到"喝瑞幸咖啡预祝巴西夺冠"活动中，强调点击链接即可领取 4.5 折优惠券，再次提醒用户别错过这大力度的折扣福利，进一步提升产品的成交率。

练一练

　　请运用上面提及的写作技巧，给京东"6·18"购物节写一则微信朋友圈软文。

4.4.5 短微博软文写作的三种技巧

比起那种连篇累牍的长软文，人们更愿意接受短软文，以在碎片时间阅读。因此，精简的短微博软文更容易引起用户的兴趣。短微博软文指的是 140 字以内的软文，这就要求软文撰写者在字数范围内提炼精华，用简洁有趣的语言把信息有效地传达给用户，用最短的时间抓住用户的眼球，从而促成转化。

1. 制造话题增强曝光

微博是人们日常分享交流的社交平台，企业通过在微博上制造有热度、富有趣味的个性化话题，可以快速引起用户互动讨论，促使用户自发地进行口碑传播，大大提升品牌的曝光度及企业的知名度，最终促成流量向销量的转化。在微博上发布的话题主要分为两类。

一类是根据品牌定位或新品推荐发布话题，指根据企业自身的目标客户、品牌定位和新品特性，制造与品牌理念相契合的话题，突出品牌或产品的优势及卖点。例如，麦当劳为推广新品"香菜新地"，先后发布了"香菜配冰激凌有多上头"的预热话题和"香菜新地真的来了"的定制话题，如图 4-14 和图 4-15 所示。

图 4-14　短微博软文 1

图 4-15　短微博软文 2

麦当劳联合多家微博矩阵大号参与讨论,成功抢占更多用户注意力,助力新品推广;通过招募跨圈层达人,输出优质原创内容,不仅拉近了麦当劳品牌与用户的心理距离,更影响着用户最终的消费决策,实现社交裂变的良性循环。

另一类是借助热点发布话题,指企业通过在微博的"热门微博""热门/超级话题""微博热搜榜"处搜索到当下的热门话题,找到与自身文化和品牌相契合的热门话题,并将两者的共同属性结合起来,借势营销,有效提升品牌的曝光度及用户的关注度。图4-16为借势航天新闻热点事件实现流量向销量转化的案例。在"神舟十三号"发射的节点,作为载人航天太空厨房研制单位的家用电器品牌九阳,在第一时间抢占"神舟十三号""神舟十三号升空"两大热门话题,用户关注此话题就能关注到九阳,实现品牌与航天热点事件的强关联,进一步提升品牌的曝光度,促进流量向销量转化。

图4-16 短微博软文3

2. 联名营销优势叠加

联名营销指的是两个或以上的品牌或IP,通过寻找最佳的合作点,联合发布"联名款"产品吸引不同领域目标用户的注意,进而形成新的品牌价值和营销卖点,最终实现品牌或IP之间的相互背书、相互渗透及优势叠加,合作共赢。企业可通过发布品牌合作的微博软文,充分发挥合作品牌或IP双方的影响力及平台优势,实现联名产品与微博造势的强势互动,迅速成为媒体和用户关注的焦点,达到共同提升品牌价值及进一步促成转化的目的。

图4-17是关于Redmi红米手机与阿童木联名营销的案例。Redmi红米手机在微博上官宣与阿童木发布IP联名手机"铁臂阿童木"Note 11T。二者首次合作发起的"好可爱的阿童木手机"话题引爆微博热搜,成功吸引了全网目光和大量用户的自发讨论。为进一步促进用户对产品的感知,Redmi红米手机通过解锁微博语义橱窗,

当用户带"阿童木"表情发布博文时，即会触发品牌提前设置好的 Note 11T 发布会的预热广告，为发布会引流；同时发布星选任务，有奖征集内容，配合创意表情邀请用户发布和阿童木有关的童年回忆，多领域"大 V"带动话题持续发酵，实现了从 IP 圈层到产品目标圈层的精准扩散。

图 4-17　短微博软文 4

3. 名人效应促进转化

知名艺人本身就自带流量及话题传播的属性。如果短微博软文能够借助知名艺人的影响力和号召力，迅速引爆粉丝能量，充分释放品牌主张，形成涟漪式传播，就更容易完成知名艺人粉丝向品牌粉丝的转化，实现品牌声量与市场销量共赢。

例如，运动员谷爱凌在担任蒙牛品牌代言人期间，拿下冬奥会金牌，轰动全国。在采访的镜头前，她一边比出"牛"的手势，一边说着"中国牛，中国牛"。蒙牛洞察出此手势与自身品牌"天生要强"精神的关联性，将其焕新的品牌 Logo 与谷爱凌的"中国牛"手势进行结合发布微博，如图 4-18 所示。

图 4-18　短微博软文 5

蒙牛随之围绕热点在微博展开话题运营，联合蒙牛各产品线代言人相继以"中国牛"手势为谷爱凌加油，多领域 KOL 纷纷加入"中国牛"创作行列，为谷爱凌加油，"谷爱凌说中国牛"话题点燃全网，冲上热搜。蒙牛巧借谷爱凌手势，创造品牌全新记忆锚点，进一步强化了蒙牛与"中国牛"的联系，把蒙牛"世界品质，天生要强"的属性推向了世界，让用户了解了蒙牛，如图 4-19 所示。

图 4-19　短微博软文 6

4.4.6　短微博软文案例解析

关于日用护肤品牌曼秀雷敦的短微博软文案例如图 4-20 所示。

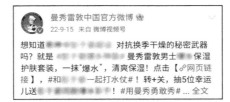

图 4-20　日用护肤品牌曼秀雷敦短微博软文案例 1

1. 名人效应促进转化

日用护肤品牌曼秀雷敦借势某知名男艺人官宣代言节点，以"爆水"为主题，将其产品爆水保湿的功能属性和某知名男艺人的硬汉型男形象相结合，以名人影响为核心，激活粉丝发酵口碑，推动名人粉丝向产品客户转化。

2. 联名营销优势叠加

日用护肤品牌曼秀雷敦通过微博大数据发现目标用户电竞兴趣标签凸显，为进一步辐射电竞圈层的目标用户，推动兴趣"破圈"转化，推出与王者荣耀英雄的联名款产品诸葛亮和后羿礼盒，并借势 2022 王者荣耀挑战者杯赛事，联动电竞选手结合比赛场景为联名款产品背书，强化目标用户认同，缩短产品销售转化链路，如图 4-21 所示。

图 4-21　日用护肤品牌曼秀雷敦短微博软文案例 2

3. 制造话题增强曝光

日用护肤品牌曼秀雷敦借势知名艺人和赛事流量为品牌赋能，名人 +IP 双重发力，将势能直接化为品牌所有。品牌营销期间，曼秀雷敦先后通过打造运营"与×××（知名男艺人）一起打水仗""×××（知名男艺人）"等话题，与品牌话题同频共振，进一步强调产品一抹"爆水"、击退干燥的效果，如图 4-22 所示。从名人背书到大账号助推、多圈层 KOL 扩散，再到 KOC 裂变传播，引发粉丝团自发应援，逐步促进用户转化。

图 4-22　日用护肤品牌曼秀雷敦短微博软文案例 3

练
一
练

　　在微博上寻找当下的热点话题，给小米运动手环写一则短微博软文（字数不超过140字）。

4.5　社群类平台软文

　　一个优质的与用户产生良性互动的社群，具备较强的用户黏性。企业通过社群软文营销，为用户提供能满足他们需求的品牌或产品，迅速地与用户建立信任和传递价值，让用户对企业品牌或产品的理念和价值产生认同感和归属感，进一步促进企业品牌或产品的裂变式传播和销售。目前，社群软文营销常见的载体为微信群和 QQ 群，其蕴含的商业潜力不容小觑。

4.5.1　认识社群

　　大部分人会因为不同的原因加入一些社群。例如，一个班级为了便于沟通，会有班级群；一个热爱足球的人，会主动寻求加入足球俱乐部社群；爱读书的人会加入阅读群。基于某个人、某件事，都能形成一个社群。那么，社群到底是什么？

　　社群这个概念早就存在，我们通常所说的村子，就是基于血缘和地缘的典型社群。社会学家费孝通有一种说法：乡村社会的结构就是一个以血缘为基础的同心圆状的圈层组织，这个圈层以族长为中心，按亲疏关系形成差序格局，就好像丢一颗石子在水面，以这颗石子的落点为中心，一层一层荡漾开去的涟漪，就是我们传统人际关系的结构。在现实生活中，社群类似于俱乐部，如车友会、读书会等形式，通常由某个核心成员或商家发起。

　　社群与社区不同，社区是 PC 互联网时代的产物，如天涯社区、百度贴吧等。社区成员之间的联系并不密切。如知名艺人的百度贴吧，加入贴吧的都是该艺人的粉丝，但粉丝和粉丝之间不一定都互相认识。而社群则是移动互联网时代的产物，社群成员之间有较深的社交关系，有群体归属感，如微信群、QQ 群、新浪微群等。如今，很多微信群设置了进入门槛，限制甚至减少了入群人数，有效增大了社群成员之间相互认识的概率，成员交流互动也更为频繁，信任感也相应增强。在信任感较强的社群中做软文营销，更有利于销售转化。

假如你负责一款低脂奶的社群软文营销,你会选择以下哪个社群?为什么?

1. 插花学习群。
2. "每月瘦2斤"的健康食谱群。
3. 某品牌健身俱乐部群。
4. 产后妈妈塑身群。

4.5.2 微信群与 QQ 群的区别

目前,社群软文营销的主要阵地在微信群和 QQ 群。两者虽同为社群,但在主流用户的年龄层、社群的开放度及功能设置等方面都存在着差异。因此,作为社群营销人员,应根据自身的产品或服务的目标人群选择相应的社群进行软文营销,并根据社群的特点撰写软文。

1. 主流用户不同

微信群的主流用户相比 QQ 群的主流用户年龄更大。腾讯科技和企鹅智酷的大数据显示,微信用户的主力军是"80后"和"90后"的职场人士,其应用场景以职业社交和办公为主;而 QQ 用户中,"95后"用户占比最高,其应用场景以社交和娱乐为主。因此,企业选择社群进行软文营销时,应选择与产品目标用户年龄层相符的社群。例如,要推广一款个性化的音乐耳机,选择 QQ 群进行推广会比选择微信群效果更优。

2. 开放度不同

微信群相对封闭,通过扫描微信群的邀请二维码才能入群,二维码的时效只有7天,并且超过100人后就需要内部人员单独邀请才能入群;QQ 群则比微信群的开放度更高,QQ 用户只需在 QQ 搜索框搜索群号或关键词即可查找到相关的 QQ群。此外,QQ 群的规模比微信群规模要大。微信群的人数上限仅为500人,群内成员以熟人居多;而 QQ 群的人数上限为2000人,群内成员不一定相互认识。因此,基于熟人社交的微信群更容易建立群内成员彼此之间的信任感。近年来,微信的社交关系也在从链接亲朋好友等熟人的"强关系"社交向"弱关系"的工作关系社交延伸。

3. 功能设置不同

微信群与 QQ 群在群成员权限、群公告、群玩法等功能设置方面也有很多不同。在微信群中无法设置管理员，只有群主拥有群管理权限。而在 QQ 群中，群主拥有最大的权限；其次是管理员，上限为 2000 人的 QQ 群最多可设置 15 个管理员，管理员可以"踢人"、禁言、上传群文件等。在群公告方面，微信群单次只可发布一条公告，每条可设置 2000 个字符；QQ 群则允许发布及置顶多条公告，每条可设置 15 ～ 500 个字符，支持文字、图片、表情及视频发布。在群玩法和功能方面，微信群相对少一些，如提供群红包、群接龙、群直播等功能；而 QQ 群则比较完善，如具备群公告、群收款、群签到、群活动、群投票、群订阅、群相册、文件共享、匿名聊天、视频聊天、送礼物、收藏等功能。

4.5.3 三类社群的软文营销方法

不同类型的社群，所使用的软文营销方法不同，可植入的广告类型也不同。一般而言，社群类型有以下三种。

1. 产品品牌类社群

产品品牌类社群是指基于对同一产品或品牌的认同和热爱而建立的社群。例如，小米、锤子、苹果等粉丝社群，都以产品或品牌为媒介，连接及促进企业与粉丝之间以及粉丝与粉丝之间的互动沟通。产品品牌类社群既有由产品或品牌官方创建的，也有由粉丝自行创建的。此类社群的成员对产品或品牌的认可度较高，群主可在社群中直接发布与产品或品牌相关的广告及促销活动信息等。图 4-23 为某水果店在社群中直接发布水果促销活动的广告。

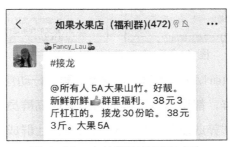

图 4-23 在社群直接发布广告

此外，群主还可适当发布与产品相匹配的周边产品或同一品牌下不同产品的信息，如在某计算机的产品社群中，可适当植入与计算机相关的周边产品的推广信息，如电脑包、计算机屏幕保护膜、鼠标、耳机等。如小米的品牌社群中，除了小米手机，还可适当植入小米品牌旗下的其他产品，如小米手环、小米空气净化器等。

2．学习成长类社群

学习成长类社群是指基于某一种或多种学习和成长目的而建立的社群。学习成长类社群主要分为学习类社群和成长类社群。

学习类社群主要以学习知识为出发点，如罗友霸王课、秋叶 PPT、职场充电宝、选择自己等社群，群成员均为了学习某一主题课程而加入社群，社群软文可由与营销产品主题相符的课程主讲老师进行推荐。例如，课程的内容是讲解工作型 PPT 的制作要点和技巧，群主则可在课程结束之后分享 PPT 系列课程的软文进行推广。而基于对创始人或群主的强烈认同感或被其人格魅力吸引而形成的学习类社群，如罗辑思维、知识 IP 大本营等，社群软文则可直接由意见领袖或群主发出，但发出时机应合适。例如，群内成员正在聊新媒体运营的话题，此时意见领袖或群主可在分享方法的同时顺势抛出新媒体丛书的购买链接。此外，还可以在社群提问中带出广告，即在问题中融入广告，如图 4-24 所示。

图 4-24　在社群提问中带出广告

成长类社群，如 BetterMe 大本营、行动派、剽悍行动营、ScalersTalk 成长会、彭小六梦想早读会等社群，都是通过社群的力量来提高群员学习及行动的积极性的。这类社群强调良好的习惯养成以及陪伴成长的力量。社群成员通过互相陪伴和监督，共同达成一个目标——变成更好的自己。成长类社群的群员拥有共同的价值观与爱好，因此在群里讨论购物话题时往往容易带来从众效应。

3．特定标签类社群

特定标签类社群是指基于兴趣爱好、行业交流、同城交友等特定标签而建立的社群，如摄影爱好者群、营销广告交流群、小区业主群、母婴育儿群等。此类社群一般采用两种方式进行社群软文营销。一种是多个群员配合推荐的方式，引出广告，实现销售转化。如要在母婴育儿群中销售某品牌的纸尿裤和小儿护臀膏，常见的方法是由一位宝妈群员在群内发问："宝宝屁股红，有什么办法解决吗？"另一位宝妈群员则配合回复："我家孩子之前也屁股红，换了某品牌的纸尿裤后，这种症状明显改善了。"紧接着其他几位宝妈群友附和，表示她们也是用的这个牌子的纸尿裤和小儿护臀膏，效果确实很不错，并抛出购买链接。

另一种方式是在社群中分享与社群定位相符的主题内容，并在分享结束后推荐产品或服务。如某连锁便利店在美食烹饪的社群中邀请专家分享牛排挑选及烹饪技巧，并在分享结束后以发福利的形式把产品销售出去，如图4-25所示。

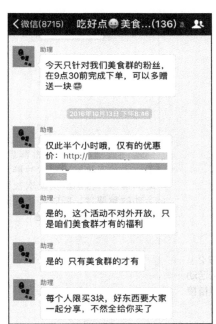

图4-25 在美食社群分享内容后推出广告

4.5.4 社群软文营销案例解析

社群软文营销看似较为简单，但实际操作中，如分享前的进群原则和话题预热，分享时的互动分享和专人控场，分享后的广告推出等，每个营销环节都需落实到位，确保工作安排滴水不漏。

1. 社群软文营销八大环节解析

下面以教育企业武汉阳米科技有限责任公司在社群中为销售线上课程"黄金人际

资源一课通"而做的软文营销为例，如表4-3所示，分析社群软文营销过程中需要注意的八大环节。此次社群软文营销的主要形式为邀请课程开发的老师在微信群进行免费分享，从而推动课程的销售。

表4-3　线上课程"黄金人际资源一课通"社群软文营销八大环节解析

社群软文营销环节	要点解析	案例
环节1： 设置门槛 扩大影响	设置人际资源分享课的入群门槛，通过分享课程的宣传海报到微信朋友圈，即可获得免费入群资格。将课程的宣传海报分享到微信朋友圈作为入群门槛，既有利于增强仪式感，让进群的人更重视本次社群分享，也有利于扩大本次社群活动的影响	××，您好！我们给您准备了一个听课福利，现将我们的课程海报分享到微信朋友圈，即可获得我们赠送的免费听课名额。 微信朋友圈的转发参考话术也给到您："百合老师7月27日黄金人际资源分享课，3招教你轻松搞定黄金人际资源。还有秋叶大叔和邻三月双导师坐镇。"
环节2： 预告活动 提供链接	提前一天建群，群员进群后，工作人员向其发布本次社群活动的信息，告知群员此次社群活动的重要性，同时预告活动和分享讲师及嘉宾的信息	我们今天相聚在此都基于社群，不管是哪个社群，大家都能够感受到抱团成长的正向意义。 在同一社群有的人发展平平，有的人却快速成长，其中的差别除了自身努力，还在于有贵人相助，因此掌握正确的方法尤为重要。 听听一个普通人如何在半年内成功拓宽自己的人际资源，或许对大家有启发。 分享主题：3招让你不用很厉害，也能吸引黄金人际资源。 分享嘉宾：百合老师（阳米科技首席课程开发老师）。 特邀嘉宾：秋叶大叔、邻三月（双导师坐镇，在线答疑）。 分享时间：7月27日（周四）20：00。 分享地点：本群。 百合老师：世界500强企业咨询师，曾为全国20多个省份的通信运营商提供人员培训和咨询服务；有多年的项目管理和咨询经验，在人才管理、项目实施、商务谈判、教练咨询上积累了大量的职场经验。她在秋叶大叔的指导下，开发了"黄金人际资源一课通"，未上线已有800多人参与内测
	工作人员发布"自我介绍模板"，主要包括"昵称、坐标、职业、技能、能提供给大家的帮助、我想链接本群的人"等信息。这些信息能让群员快速了解发布自我介绍的人，降低沟通成本。其中"能提供给大家的帮助"更有助于其他群员主动链接自我介绍的人，而"我想链接本群的人"则会促使下一个群员继续发布自我介绍	自我介绍模板如下。 昵称： 坐标： 职业： 技能： 能提供给大家的帮助： 我想链接本群的人：@一位小伙伴，你能发一下个人简介让我们多了解你一下吗？ 还可以写自己和别人的人际资源小故事，没准能在群内相互启发

续表

社群软文营销环节	要点解析	案例
环节 3： 话题互动 提前预热	在群员之间有基本的了解之后，发布与人际资源主题内容相关的"每日一问"，让群员分享一个失败的人际资源链接案例。为避免冷场，工作人员先抛出自己遇到的失败案例以引发群员讨论和互动。在正式分享前，通过有情景感和参与感的话题讨论调动群员的积极性，引导群员上线参与话题互动，提前进入交流讨论的氛围	每日一问： 分享一个你遇到的失败人际资源链接案例（可以说自己的，也可以说别人的）。欢迎大家都来分享自己遇到的各种故事 每次参加完知识 IP 全国巡讲活动，就有一批小伙伴加我好友，申请新开城市营。记得有一个小伙伴在凌晨 1 点多，加上好友后就发一段接着一段的长语音问我开营的事情。 如果是你们遇到新加的好友发很多条长语音，你们会怎么办
环节 4： 开场提示 强调规则	活动开场前，在群内反复通知社群活动的时间及内容等信息，提醒群员按时参加，避免群员因群聊信息过多而错过活动通知	感谢大家参与和支持我们本次的黄金人际资源线上巡回分享第四场。本次的黄金人际资源课程分享活动由 BetterMe 大本营和城市营联合举办。 分享主题：3 招让你不用很厉害，也能吸引黄金人际资源。 分享嘉宾：百合老师（阳米科技首席课程开发老师）。 特邀嘉宾：秋叶大叔、邻三月（双导师坐镇、在线答疑）。 分享时间：7 月 27 日（周四）20：00。 分享地点：本群
	开场前还需强调群分享规则，告知群员在讲师和嘉宾分享过程中不要插话，分享结束后会有答疑环节，以确保讲师和嘉宾的分享不被影响和打扰	温馨提醒： 1. 嘉宾在分享时尽量不要"刷屏"； 2. 嘉宾分享结束后有 30 分钟的答疑互动环节； 3. 请大家不要发与本次分享无关的链接，不然会被请出群。 本次的活动节目安排如下： 19：30—20：00：彩蛋通知； 20：00—20：05：活动介绍； 20：05—20：30：嘉宾分享； 20：30—21：00：答疑环节； 21：00—21：30：分享回顾
环节 5： 分享"干货" 引导互动	分享时，讲师和嘉宾采用提问式的"干货"分享模式，提前设置互动引导点，有意识、有节奏地与群员进行互动，如让群员回复数字"1"表示认同分享的内容或表示正紧跟着讲师分享的节奏等	大家好！我是百合，今天受 BetterMe 大本营的邀请，参与城市营全国联动，和小伙伴们一起探讨，作为普通人如何吸引黄金人际资源，让自己加速成长。 你有没有这种感觉：有时候努力不一定就有收获，人和人真的不一样。 同样是一起进公司，综合评定都是优秀，为什么升职加薪的是他而不是你？ …… 同样是业余充电，看书学习听讲座，为什么 TA 半年实现逆袭，你还在原地打转？ 大家有同感吗？有同感的可以打"1"

续表

社群软文营销环节	要点解析	案例
	活动分享结束后，工作人员轮流发红包将群内气氛推向高潮，群员也纷纷发红包感谢讲师及嘉宾分享。在领红包之际，安排工作人员及已经购买黄金人际资源课程的群员分享课程精华，并自然地引出课程截图及购买链接	发红包 1：感谢老师们的精彩分享！ 发红包 2：感谢老师们的精彩分享！ 发红包 3：欢迎同学们分享学习心得！ 发红包 4：百合老师的课程超赞！（附上课程精华截图） …… （课程链接在此！）
环节 6：广告带出口碑晒单	工作人员鼓励群内已购课程的其他群员分享学习课程所得及截屏晒单，有利于积累口碑，促进销售转化。随着越来越多的群员购买课程及持续晒单，进一步刺激还没购买的群员完成购买	因为这个课程目前还处于内测阶段，我们建立了内测群供大家交流学习，已经购买了课程想进群的小伙伴记得把购买截屏发到群里，联系工作人员，他会拉大家进内测群。 如果大家在购买上遇到问题，这里有整理好的常见问题答疑，或许能帮助你。 学员分享：说一个百合姐的课程学习感受。觉得自己认识的人不少，但是真有事情自己又好意思去麻烦别人的不多，原因还是链接不强。学了百合姐的课程，发现这个问题其实有道可循，分析自己的现状，分析自己的价值，想要做何种链接，如何去让链接达成等。课程里面提供了特别有用的方法，让我觉得这件事情其实没那么难，人际资源实实在在就在身边，特别感谢百合姐的课程讲解
环节 7：整合信息增进联系	活动分享结束后，工作人员将群员的个人信息按"职业"与"地域"归类并发布到群中，既有利于群员之间快速地相互认识、主动链接，还能为同城群员提供线下见面的机会	工程师：@ 球 × 妈 @ 大 × 电商：@vivi× 讲师：@ 佳 ×@ 佳 × 运营：@ 竹 ×@ 筱 × 培训：@ 旗 ×@Tina× …… 南京：@ 球 × 妈 @Son× 武汉：@min×a@ch×n 深圳：@ 长 ×@vivi×@× 少 成都：@ 小 ×@ 善 × 北京：@ 李 × 璇 @ 云 × ……
	活动结束后的第二天，发布分享课的汇总信息链接、课程购买链接、常见问题答疑链接以及第三天要解散群组的通知，以便错过分享或想要重听的群员回顾课程，鼓励群员在群解散前抓紧时间互相联系	@ 所有人 汇总：7 月 27 日黄金人际资源管理线上分享课（附上链接） 黄金人际资源管理课程：× 链接（附上课程购买链接） 之前有小伙伴购买时遇到过一些问题，我们都整理出来了，这个是链接，大家可以看看（附上链接） 通知：本群将于 7 月 29 日（周六）23:00 解散，需要链接三位老师和群内小伙伴的同学要抓紧时间

续表

社群软文营销环节	要点解析	案例
环节 8： 后台控场 营造氛围	社群分享常常会遇到分享的话题无人响应，只剩主办方唱独角戏的情况；也会遇到群聊"刷屏"的现象，导致其他群员参与感不强，重要信息也可能会被淹没。为了避免分享过程中出现上述不良状况，在社群分享活动开始前，主办方内部应成立一个 10 人左右的执行群，在群内提前布置关键节点的任务，并把任务落实到具体的执行人员，维持好群内秩序，带动群内气氛，引导销售成交。执行人员除了有主办方的工作人员，还应有已经购买课程的忠实粉丝	本群是 7 月 27 日黄金人际资源分享后台临时群，感谢大家参与和支持本次分享，接下来我来介绍一下这次任务内容，有一些需要大家配合的地方。 本次活动的参与负责人如下。 导演：柒柒。 主持人：BM 宝宝妹。 催场：BM 宝宝哥。 答疑嘉宾：百合老师、秋叶大叔、邻三月。 参与互动人员：BM 宝宝哥、晓露、沈展、哒哒、holly、颜敏、桐心、城市营营长。 活动前期物料确认如下。 1．木木：一对一群发内容、群公告内容、每日一问内容确认。 2．百合老师：分享文档确认。 3．沈展：自我介绍收集确认，可以在群内 @ 的人员名单。 4．BM 宝宝妹：主持稿确认、老学员好评感受参与确认。 暖场环节如下。 1．桐心：桐心在暖场环节介绍城市营营长，营长需要配合桐心出来冒泡，桐心发红包。 2．holly：收集问题接龙的情况，确认 12 个问的地方，如果没有问题请打 1 题和可以在群内 @ 的人员名单。 3．BM 宝宝哥： （群外） （1）18:00 一对一群发通知（分享时间、课程内容、问题接龙）； （2）19:30 一对一群发通知（分享时间、课程内容）。 （群内） （1）19:30 群公告（分享时间、课程内容、温馨提醒）； （2）对自我介绍的引导和互动； （3）发每日一问。 分享环节如下。 1．百合老师：课程分享。 2．晓露：与三位答疑老师确认答疑问题。 答疑环节如下。 1．答疑环节出场顺序：百合老师、邻三月、秋叶大叔。晓露会把问题收集好后发给大家。 2．晓露：负责 @ 问问题的小伙伴。 各位老师和小伙伴们，看看我说的有没有不清楚的地方，如果没有问题请打"1"

2. 社群分享稿解析

分享者在社群中的分享内容本质上就是一篇软文。相比在其他平台发布的软文，社群分享形式多采用小段文字或语音连续发送，并且更加强调与群员之间的实时互动。在内容主题的选取上，则会选择与所需销售的产品密切相关的内容。例如，本次销售的课程产品为黄金人际资源一课通，社群活动分享的主题则是"3招让你不用很厉害，也能吸引黄金人脉"。

（1）简明扼要，直入主题

讲师开场时用一句话简明扼要地介绍自己及交代分享背景后进入分享主题，即"普通人如何吸引黄金人际资源，让自己快速成长"，有利于让群员快速进入上课状态，不会因开场拖沓冗长而失去耐心。

（2）切入痛点，引发共鸣

抛出话题"有时候努力不一定有收获，人和人真的不一样"，引导群员按照分享者的思路去思考。在群员对此观点产生认同感的基础上，进一步描述职场人群、全职家庭主妇常会遇到的痛点场景，让群员将自己代入情景中，从而引发情感共鸣，如图4-26所示。

图4-26　社群分享稿1

（3）借助热点，重释定义

借助热播电视剧中男女主角的对话，吸引群员的关注，从而引出话题讨论，并重新诠释黄金人际资源的定义，提出普通人吸引黄金人际资源需思考的三个问题，即从"周围都是厉害的人""只有不起眼的小特长""圈子太小太封闭"三大障碍出发设置课程分享大纲，有利于吸引群员注意，以引发共鸣，激发其想要继续深入了解的兴趣，如图4-27所示。

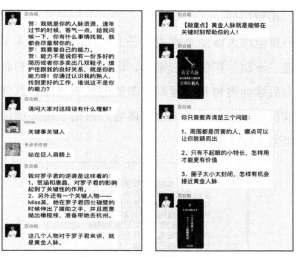

图 4-27　社群分享稿 2

（4）真实案例，分别论述

在"干货"内容的分享方面，围绕着这三个场景提问，用亲身经历的真实案例进行解答，有助于把问题讲解得更具体、清晰、到位，同时增强说服力。在内容结构的布局方面，主要采用"提出问题—案例分析—总结解答"结构，图文并茂地对三个问题分别展开论述。其中，在每个要点分享开始前，会发布该环节讨论问题的图片以突出主题；每个要点分享完毕后，都会对问题进行总结，并用"敲重点"这类词汇及图片的形式来强调内容的重要性，引起群员注意，如图 4-28 所示。此外，为降低群员的阅读压力，创造更好的"屏阅读"体验，群内分享内容多以短句的文字形式出现。

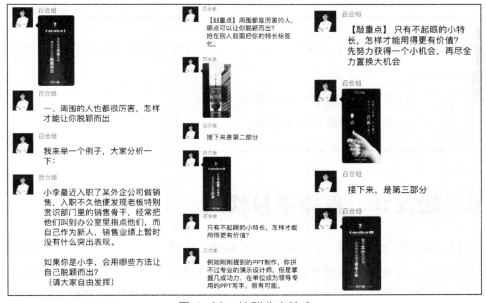

图 4-28　社群分享稿 3

（5）嘉宾分享，积累口碑

嘉宾通过分享自身运用人际资源解决孩子上幼儿园这一引人关注的话题，迅速抓住群员的眼球；通过"干货"和价值的输出，增强群员对分享的满意度，有利于形成良好的口碑效应，为后续促进付费课程购买率的增长做铺垫。此外，分享结束后，引导已经购买课程的群员分享学习感悟和心得体会，有助于增加信任感，从而进一步拉动需求刺激购买，如图4-29所示。

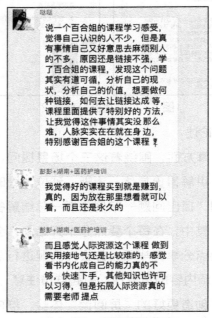

图4-29　买课群员分享

假如你需要在社群中以销售酸奶机为目的做分享，你会分享什么主题？

1. 教你自制各种口味的酸奶。

2. 美容养颜的7个小妙招。

4.6　短视频、直播平台软文

随着互联网的飞速发展，短视频营销和直播"带货"逐渐成为企业和品牌商家新的营销增长点。企业想要抓住短视频和直播行业的机遇与红利，就要求企业营销负责人掌握短视频和直播平台软文的写作技巧，让软文最大限度地发挥效果，以保障企业软文营销目标的实现。

4.6.1 短视频平台的分类及区别

随着移动互联网的日益繁荣，短视频行业持续火爆，用户规模再创新高，影响力日益增强，企业和商家想要吸引更多的流量和获取更多的客户，选择在短视频平台做营销推广无疑是一个很好的选择。

如何选择合适的短视频平台进行投放，避免投入成本过高还达不到理想效果，这就要求企业和商家了解不同主流短视频平台的定位和属性，选择与自己品牌调性相符的平台作为主要营销推广阵地，其他渠道作为补充，充分提高品牌的知名度和曝光度。下面对四大短视频平台进行对比，直观地展示平台之间的区别，如表 4-4 所示。

表 4-4　四大短视频平台对比

对比项	抖音	快手	微信视频号	小红书
平台属性	以兴趣算法推荐为主的泛娱乐平台；年轻群体获取和学习知识的新渠道	强互动、高黏性、重信任的社区平台；"老铁文化"突出	强社交绑定属性的内容平台；链接微信公私域触点的超级连接器	重内容积累的种草平台；年轻人的消费决策入口
口号	记录美好生活	记录世界记录你	人人记录真实生活	你的生活指南
用户属性	用户范围较广，男女比例较为均衡，以一二线及新一线城市的年轻用户为主	用户范围较广，男女比例较为均衡，以三线及以下城市的年轻用户为主	用户范围较广，男女比例较为均衡，用户年龄范围更广泛，涉及抖音、快手、小红书等未被覆盖的需求人群	以一二线城市有影响力的年轻高净值女性用户为主
营销优势	超高日活，保证品牌实现有效曝光；适用于广告投放与电商营销	"老铁经济"，用户信任度高，"带货"能力强；适用于电商销售和转化	基于信任关系，让推荐效果更有保障；适用于品牌营销与"粉丝"沉淀	用户的消费能力和消费意愿较强，易于成交；具备天然的"种草"优势，品牌内容营销性价比较高；适用于品牌"种草"和口碑营销

4.6.2 短视频软文写作的三种技巧

不同的短视频平台虽然有不同的"上热门"逻辑，但其共同点都是通过算法推荐实现内容的精准分配。无论是哪个平台哪种类型的短视频，能获得最佳传播效果的短视频软文大多采用了以下三种写作技巧。

1. 磁石开头

一个好的短视频开头，应遵循"黄金三秒"法则。它就像是一块磁石，在短视频开头 3 秒就能牢牢吸住用户的注意力，激起用户的强烈兴趣，让用户舍不得走。磁石开头常用的设计方法有以下四种。

（1）热词绑定法

热词绑定法是指在短视频开头绑定与创作者自身垂直赛道相关的热点事件、热门话题、热播剧场、流量热词、名人名字等关键词组合，能有效提升短视频曝光度和关注度，帮助视频上热门。需要注意的是，及时性是热词绑定法使用的关键。创作者需要时刻关注平台热搜的话题，找到热点相关内容的关键词，再结合自身垂直赛道关键词进行组合创作，做到第一时间更新，抢占流量先机。下面以"东方甄选直播爆火"这一热点事件为例，详述热词组合的提取方法，如表 4-5 所示。

表 4-5　热词组合

热词拆解		热点内容	定位相关	关键词组合结果
		东方甄选直播大热	知识分享	
平台内容关键词拆解	关键词 1	新东方	流量	如何利用新东方的流量来卖同款
	关键词 2	东方甄选	商业	东方甄选是如何做到起死回生的
	关键词 3	董宇辉	读书	你应该知道的新东方董宇辉推荐的书单和读书方法
	关键词 n	……	……	……
用户热评关键词拆解	关键词 1	董老师	文案	新东方董老师的卖货文案让我懂了一件事
	关键词 2	兵马俑	历史	和董宇辉撞脸的兵马俑，我给你们找到了
	关键词 n	……	……	……

（2）冲突前置法

冲突前置法是指把短视频内容中的关键冲突前置，这种方法可以给用户制造更多的悬念，激发用户好奇心，让其主动产生想要继续往下一探究竟的冲动。例如，剧情类短视频，就可以将冲突和矛盾的高潮片段放在开头；讲述热点事件类的短视频，则可以将事件过程中最具戏剧性的部分放在开头；知识分享类的短视频，则可以将用户可能遭受的风险和隐患等放在开头。

（3）震惊数据法

人类天生对数字敏感。如果在短视频开头呈现让用户觉得震惊的直观数据，更能瞬间抓住用户的眼球，让用户忍不住想要了解短视频的内容，这就是震惊数据法。例如"'00 后'美妆博主一周'涨粉'10 万""９９％的短视频创作者不会找对标账号""揭秘点赞量破 100 万的短视频制作方法"等都是利用这个方法，让关注此类内容的用户更容易停留，有利于提升短视频的完播率。

（4）提问引导法

提问引导法是指在短视频开头直接抛出一个问题，能够快速激起用户的求知欲，或戳中用户的知识盲区，引导用户思考和探求究竟。

另外，比起陈述式开头，用提问式开头更容易营造出一种与用户面对面交流的场景感，有利于进一步强化用户的代入感，其往下寻找答案的欲望也随之增强。如"为什么你一到夏天就长痘？来听听 30 年资深皮肤科医生专家是怎么说的""2023 年，普通人做抖音还有机会吗""作为一个新人博主，凭什么我的数据这么好"等都是通过这个方法，提升短视频对用户的吸引力。

2. 热点内容

一个好的短视频开头，都遵循"黄金三秒"法则。它就像是一块磁石，在短视频开头 3 秒就能牢牢吸住用户，打造热门短视频，除了需要在视频开头的黄金 3 秒就抓住用户的眼球，还需要正文内容布局得足够精彩，能持续不断地引导用户看下去。一个短视频内容越精彩，其布局的热点就越多，就越容易引起用户的点赞、评论和转发，这样短视频大火的概率就会更大。所以，在短视频内容创作时，每条短视频要保证 2 ～ 5 个爆点，才能有效提升短视频的完播率和互动率，获得平台更多的流量支持，从而增加其成为热门的可能性。

如何找到更有潜力成为热点的话题内容？从用户的角度出发，即找到能够满足他们利益、情感和心理三大方面需求的话题，主要有以下三种。

（1）与用户利益相关的话题

与用户利益相关的话题是指与用户切身利益密切相关的话题，如职业发展、社保改革、投资理财、亲子教育等普遍关注的民生话题。创作者可以根据目标用户选择与自身垂直赛道符合的话题，以目标用户关心的痛点问题为切入点，给用户提供高价值内容和实用性解决方案。这类切实帮助用户解决问题的内容分享，往往更容易获得用户的喜爱和点赞、评论。

（2）激发用户情绪的话题

激发用户情绪的话题是指能够带动用户情绪，让用户主动参与其中评论分享的话题。这类话题的短视频要么是传达能鼓舞人心的正能量，让用户从中获得情感价值和精神共鸣；要么是有争议性的内容，可以引发用户广泛的留言讨论。

（3）借势时事热点的话题

借势时事热点的话题指的是借助当下新的时事热点、热门事件、流量热词、网络热梗和热歌等，以此作为短视频的内容创作源头，则更容易做出热门短视频。因为热点话题自带高流量曝光和高话题互动。这就要求创作者具备热点思维，实时抓取当下热点并加入自己的内容创作，最大限度吸引用户关注。

例如：2022年北京冬奥会赛事期间，巧借与冬奥会相关的热点创作短视频，就有机会实现流量突围。其中，围绕"一墩难求"的冬奥吉祥物冰墩墩创作的短视频走红网络。

3. 钻石结尾

打造热门短视频，其结尾的设计与开头一样至关重要。如果草草结尾，整个短视频传播的效果也会大打折扣。反之，一个好的短视频结尾，就像是一颗钻石，璀璨夺目，不仅能够引人深思、发人深省，还能让用户主动留言并分享，助力短视频获得更高的曝光度。钻石结尾常用的设计方法有以下三种。

（1）互动引导法

互动引导法指在短视频结尾部分和用户互动，引导用户完成点赞、评论和转发等动作，例如"如果你觉得今天这条视频对你有帮助，记得给我点个赞"；或是在短视频最后设计一些互动提问，例如"还想听哪些类目的博主'涨粉'案例，在评论区告诉我""你们是否也遇到过相似的问题，想听听你们都是怎么处理的，欢迎在评论区告诉我"等，这样既能帮助创作者更好地优化短视频内容，也能进一步提升用户黏性。

另外，还可以在短视频结尾处留下评论奖励，吸引用户参与评论，例如："截至××日××点，评论点赞前××名的用户能获得我们送出的××礼品"。

（2）共鸣升华法

共鸣升华法是指在短视频的结尾处植入让用户容易产生共鸣的金句或名言，升华主题，以情动人，以理服人，让用户不自觉地点赞、评论和转发。另外，还可多使用"你"字，加强用户的代入感，有助于呼吁用户做出相应的行动。例如："假如你也觉得自己处在付出得不到回报的阶段，请把今天的话收藏起来，不要着急，因为每一个低谷期都给了我们深深扎根的机遇。"

（3）意外反转法

意外反转法是指在短视频的结尾部分给用户亮出一个颠覆其认知和预期的结果。通过设计前后的反转，大大增强视频的娱乐性和戏剧性，从而引发意想不到的喜剧效应，刺激用户主动留言评论。

例如，某微信视频号拍摄的系列视频中，就在结尾部分大量采用了这个方法，每个原本看似逗趣诙谐的视频，结尾的落脚点都在正能量的输出上，给用户带来欢乐的同时，还激发了用户的共情心理。

4.6.3　短视频软文案例解析

案例一：抖音平台上的热门短视频脚本案例，如表4-6所示。

表 4-6　短视频脚本案例

镜头编号	景别	场景	画面内容	解说文案	文案分析
1	近景	海边	海面上的蓝眼泪	2022 年年初，有将近一亿人看过我拍的蓝眼泪	开头遵循黄金 3 秒原则，提供震惊数据"一亿人看过"，抓住用户的好奇心和注意力；各地旅游地的美好画面切换，让用户应接不暇，舍不得走
2	全景	海边	"我"坐在海边看蓝眼泪		
3	全景	视频截图	蓝眼泪视频数据截图		
4	中景	旅游地	去云南的昆明、玉溪、澄江、大理旅游	接着，我在云南找花儿的味道	
5	远景				
6	中景		夏天去东山岛、平潭岛、分界洲岛、四礵列岛旅游	夏天，我去感受海的味道	
7	全景				
8	近景	机场	飞机起飞	在花花世界"打卡"了一整年，现在我最想"打卡"的地方是家	当用户还沉浸在对旅行博主日常生活的向往中，紧接着却来了句转折——"现在我最想'打卡'的地方是家"，充分调动起用户的情绪，特别是在年关将至的时刻，在外打拼的游子迫切想回家团聚
9	近景	家门口	2019 年、2021 年、2023 年过年回家，家人热情迎接；"我"带百草味坚果礼盒回家		
10	中景	家乡街角	街角卖蒸包子的摊档	我们总在找"年味"，可什么是年味呢	正文用问句"什么是年味"，引发用户思考，让用户带着疑问继续看下去；用"年味是即使没有……但……"的排比句式进行解答，进一步让用户共情，并通过对一系列"年味"场景的描述，将用户带入过年的氛围中。随即出现"坚果颗颗饱满酥脆，过年送礼，就送百草味坚果礼盒"的广告文案，与视频主题巧妙恰当地融合在一起，从而让用户在潜意识中进行情境消费
11	特写		"我"捧起一把开心果，凑近鼻子闻一闻		
12	中景		热闹的水果摊档		
13	中景	厨房门口	妈妈偷偷走向"我"的房间	年味是即使没有烟花爆竹，但大年初一醒来时，床头总会有一双妈妈放下的红袜子	
14	特写	房间里	在床头放下一双红袜子		
15	中景		"我"醒来看到妈妈放的红袜子很开心		
16	近景	厨房里	"我"拿着水果走进厨房	年味是即使没有花灯庙会，但姥姥总会在屋里摸出一盒她留了很久的糖果，那是她留给你的珍贵之物	
17	近景		"我"拿出在水果摊买的水果给姥姥		
18	中景		姥姥在厨房翻出留给"我"的糖		
19	近景	厨房门口	姥姥举着糖果走出厨房		
20	特写		姥姥把糖放在"我"手里		
21	中景	房间里	姥姥把糖亲手喂进"我"嘴里		
22	近景	客厅	"我"从礼盒里倒出来了各种口味的百草味坚果，撒满桌子	年味是即使没有震撼的风景，但大家围在一起笑声不断，边吃边聊家长里短的事，依旧能感受到生活的饱满	
23	特写		"我"剥开夏威夷果的果壳		
24	中景		亲人们围坐一起吃坚果聊天		
25	特写		姥姥津津有味地吃着坚果		
26	中景		亲人们围坐在一起，手里举着袋装坚果说说笑笑，面前摆满坚果礼盒		
27	近景		"我"手持百草味坚果礼盒，口播百草味广告语	坚果颗颗饱满酥脆，过年送礼，就送百草味坚果礼盒。年年有味，百草味，让我们一起回家"打卡"年味	
28	近景		狗狗凑过来闻"我"手中的坚果		
29	近景	厨房门口	姥姥送到"我"手里的糖	过去的一年，那些委屈、为难、惶恐、离别，让你学会珍惜了吗	在结尾处拔高主题，以情动人，以金句升华，强化共鸣，对用户的转化更有促进作用
30	中景	客厅	爸爸坐在茶桌前摆弄		
31	近景	厨房	妈妈在厨房忙碌		
32	中景	客厅	亲人们围坐在一起吃着坚果说说笑笑		
33	特写		姥姥开怀大笑		
34	近景	房间	"我"给姥姥整理头发	早点回家吧，要比他们长出的白发更快些才行呀	
35	近景	客厅	家人喂姥姥吃坚果		
36	全景		亲人们一起说说笑笑		

案例二：小红书平台上的热门短视频口播脚本案例，如表 4-7 所示。

表 4-7　短视频口播脚本案例

视频封面文案	口播文案	文案分析
高考志愿填报指南：重点高校 12 大学科，18 位教授给准大学生的志愿建议书	凡是现在或未来有高考填报志愿、选专业需求的朋友们，速速看过来！不管你是过两天就要交高考志愿表了，还是处在高一、高二，这本书能给到你们很大的帮助	开头：高考提交志愿表在即，创作者通过将"高考""填报志愿""选专业"等热词与读书赛道进行绑定，为目标用户推荐高考志愿填报的书籍，第一时间抢占流量先机，抓住用户的注意力
	书名就叫《我的志愿》，全国重点高校 18 位不同专业的教授作为每个学科的代表，手把手教你专业到底怎么选，包括我们熟悉的罗翔老师（中国政法大学刑事司法学院教授）、宋浩老师（山东财经大学副教授）、吴於人吴姥姥（同济大学物理学科与工程学院教授）、陶勇医生（北京朝阳医院眼科主任医师）等，涉及的学科从经济学、法学、理学、工学、农学到文学、教育学、医学、管理学、艺术学等。 这门学科到底学什么？和其他学科有什么区别？你需要具备怎样的能力？就业方向有哪些？前景怎么样？老师们从各个维度答疑解惑。每个学科还单独收录了已毕业学长、学姐的采访，分享他们自己学习、就业、考研多方面的真实经历。总之就是力求在你做出这一人生重大选择之前，帮你打破信息壁垒，消除信息差。 比如清华大学金融学专业的招生办老师就提到：现在的就业环境已经不要求孩子弥补人生短板了。在选择专业之前，一定要发挥自己的长处和优势，对自己有明确的认知。如果喜欢搭积木，甚至是 3D 游戏的高手，或许可以考虑建筑专业。 甚至细到外语专业，小语种的专业课究竟怎么上？必修课、选修课具体的专业方向有哪些？这些在网上很难找到真实的分享和经验。 个人还非常喜欢里面很多老师真诚的人生思考和观点表达。黄平教授说："学生不需要成为老师的样子，而是要变成他自己心中理想的样子。"罗翔老师说："法律专业具有双向的不讨喜，它拒绝媚俗与媚权。"陶勇医生说："每个人都在做理想和现实的选择题，但永远不要忘记，只有努力，才能让心里的那颗种子开花。"	正文内容：展开介绍《我的志愿》这本书的产品卖点，强调与用户密切相关的利益，与此同时还不忘时刻植入"全国重点高校""罗翔""宋浩""吴姥姥""陶勇""热门专业"等流量热词，既能获得平台更多的流量支持，又能打造足够多的热点内容，引导用户持续不断地看下去
	《我的志愿》是专业的志愿指导书，是关于勇气和智慧的人生建议书，欢迎大家分享给有需要的朋友，也欢迎大家留言告诉我你们心仪的院校及专业。最后，祝福大家都能踏上自己理想的道路，早日找到愿意为之奋斗的热爱所在。道阻且长，行则将至	结尾：再次总结强调《我的志愿》是一本值得购买的专业志愿指导书和人生建议书，并通过互动引导，提醒用户留言分享，助力视频获得更高的曝光度。最后送上祝福，以金句升华，强化共鸣，进一步促进用户购买转化

练一练

请在抖音、快手、微信视频号和小红书任一平台，选择一条热门短视频软文，分析其爆火原因，以及开头、正文及结尾都用了什么写作方法。

4.6.4 直播平台的分类及区别

在"互联网＋"的时代环境下，直播营销出现了爆发式增长，刷新了用户对新消费的认知。直播营销以其更低的营销成本、更直接的营销效果、更快捷的营销覆盖等优势备受品牌和商家的青睐。抢先入局直播平台的品牌和商家拥有搭建私域流量池的用户红利。而选对适合自己定位的直播平台，是品牌和商家入局直播市场的关键。下面对四大直播平台进行对比，直观地展示平台之间的区别，如表4-8所示。

表4-8　四大直播平台对比

对比项	点淘	抖音	快手	微信视频号
平台属性	电商	社交＋内容	社交＋内容	社交＋内容
平台特点	用户基数庞大、黏性强；购买意愿强，转化率高；头部效应明显，大商家、大主播拥有大流量；供应链优势明显，货品丰富齐全；线上交易系统相对稳定	娱乐社交属性明显；依托海量用户群体和基于算法流量分发系统，广告定向投放的精准度高；平均日活跃用户数多	娱乐社交属性明显；下沉市场的用户基数及消费潜力大；"老铁经济"，用户活跃度和忠诚度高；购买转化率和复购率高	基于信任的强关系社交平台；用户基数大、投放精准度高；微信生态短链转化，可快速变现私域流量
直播"带货"模式	商家自播、知名艺人和达人导购直播模式兼具	短视频"种草"＋知名艺人和达人直播"带货"	达人直播＋打榜连麦卖货	分销裂变＋直播"带货"、直播"种草"＋私域转化
"带货"商品属性	淘宝体系内全品类商品，价格区间大	食品零食、美妆个护和服饰类商品占比大，平均客单价在两百元以内，有一定品牌知名度	一百元内高性价比的品牌商品占比大，产业带直播比重较大	食品特产、美妆个护、健康养生、家居生活类商品占比大，价格区间大

为了确保品牌能获得更多的曝光及转化，实现品牌营销效果最大化，不同类型的产品所选择的直播投放平台也会不同。对于满足刚需、短决策和低客单价的品牌和商家，可优先选择点淘平台进行营销推广；对于高频使用的低价产品或服务，尤其是在线下和货架电商竞争激烈的红海赛道产品，则可以选择抖音平台获得用户增量；部分处于发展初期的蓝海赛道产品，也适合选择抖音直播当作启动器；对于处于初创期的需要强背书的快品牌，则建议选择快手作为直播营销的推广平台；对于拥有自己微信

生态私域流量的那些头部品牌和商家，以及那些高频使用或高价的需要信任背书的产品或服务，应该考虑把微信视频号作为推广的核心阵地。

4.6.5　直播平台软文写作的三种技巧

直播平台软文指的是整个直播流程的直播脚本及每个环节对应的直播销售话术。为确保直播能更加高效有序地进行，企业或品牌商家应提前准备整个直播流程的直播脚本及直播销售话术，并和主播进行深度沟通。这不仅有助于主播实时把控用户动态，促进直播销售转化，还便于主播在直播结束后进行复盘优化，不断提升直播转化效果。

软文撰写者要想写好直播平台软文，促成用户成交，就得先创造用户需求。创造用户需求可以采用以下三种常见的写作技巧。

1. 描绘场景，唤醒需求

通过运用生动形象的语言为用户描绘一个贴近其需求的场景，让用户在回顾自己过去相似经历或想象自己未来拥有产品后美好画面的过程中，产生代入感和情感共鸣，从而唤醒用户需求，刺激用户购买欲望。

（1）讲述亲身经历，还原使用场景，让用户对号入座

例如，这篇改善肤色暗沉蜡黄的夜间补水保湿精华液的直播销售话术，就是主播用自身经历帮助用户代入场景。

去年"双11"，我忙到简直要"飞起来"，每天只睡一两个小时，还要拍各种大片，有时几乎三四天都没怎么睡觉，肤色变得又蜡黄又暗沉。那个时候选品正好选到它，我用了一片独立装后，第二天早上醒来肤色得到了提亮，皮肤也变得光滑，它真的是惊艳到我了。到现在，我只要休息不够好，都会每天用一片。你们年末是不是也在各种熬夜，导致皮肤干燥、暗沉蜡黄？有这种问题的朋友们，一定要买它！

（2）创造使用场景，展望未来美好，让用户心动下单

例如，这篇吊坠的直播销售话术，就是主播通过描述这款吊坠的多种使用场景，帮助用户想象自己佩戴产品后的美好画面，促使用户下单。

这款吊坠是由我司携手国际设计师联名发布的一款中国结造型吊坠。这款吊坠的特别之处在于它有多种用途。在春夏时节，您穿上一件米白色的连衣裙，再佩戴上这款吊坠走在人群里，一定会吸引许多路人的目光；在秋冬时节，您还可以用长项链将它挂于胸前，作为毛衣链来使用。当您与朋友一同去喝茶脱下外套的时候，大家一定立马注意到您胸前这枚新颖时尚的毛衣链，都会争着问您要购买链接。另外，即使平时不想佩戴在脖子上，您还可以给它打上漂亮的绳结拴在皮包或手机上。

练一练

用百度搜索并观看董宇辉卖玉米的直播视频，学习他是如何运用"描绘场景，唤醒需求"卖玉米的。

2. 突出卖点，强化信任

以专业的角度，用通俗易懂的话术，对产品的外观、成分、功效、材质、工艺、地域、使用方法、使用效果、使用人群等多维度进行卖点讲解，并指导用户根据自身情况选购产品。

例如，讲解护肤品中的专业成分时，主播会用生动形象的比喻来降低用户的理解门槛。

这款面霜里面六胜肽成分有紧致肌肤和亮泽肌肤的功效，就像是让你松弛的皮肤穿上塑身衣，把你的皮肤定在那里，不容易让皮肤松垮下来。

再如，介绍口红产品时，会对每一支口红进行试色展示和详细的卖点讲解，并根据用户的不同情况推荐适合的口红色号。

第一支是405号番茄色，涂上405号色，你的嘴巴就像一个很新鲜的番茄。你看我的唇纹一抹上这颜色就隐藏了。405号色对于黄皮女生来说是比较友好的，上嘴后会让你的嘴巴变得非常水嫩而且美丽。这款口红春夏秋冬都可以涂，会显得气色很好并且不容易显唇纹。如果你是那种爱穿复古服装，留着一头大波浪的卷发女孩，厚涂405号色，会显得很有氛围感。第二支是201号裸棕色，这支真的美，我这段时间涂的都是201号色。白皮肤女孩在不在？平常喜欢穿干干净净白衬衣的女生在不在？我跟你们说这支颜色我主推！为什么？你看201号色，裸棕色，偏一点点的西柚奶茶色，薄涂优雅知性，显得很有质感。这支颜色你买了之后会一直用的。黄皮肤女生，不建议买这款。第三支是404号暗红色。这支口红的颜色很美，偏紫调，涂上简直气场全开。这个口红厚涂还是很水润，一点都不厚重，不拔干，显色度高。唇色深的女生们这个系列可以随便买，这三支都可以把你的唇色盖住。

另外，由于用户无法直接触碰到产品，只能隔着屏幕通过直播销售话术的描述来了解产品，所以，想要促成用户下单，直播销售话术除了要尽可能全面地展示产品的卖点和使用感受，让用户更为直观地看到其功效，还需要进一步打消用户顾虑，强化用户信任。常用的方法有以下三种。

（1）权威担保

借助权威机构或官方组织的资质认证、业界专家或知名人士的背书，以增强产品的说服力。如果推荐产品的主播是该产品所属领域的意见领袖，直播销售话术还可以用该主播的信誉为产品做担保，并在直播间展示购买订单，证明此款产品是"自用款"和"送人款"，进一步打消用户的顾虑。

（2）数据畅销

利用用户从众心理，通过出示产品畅销证明，以增强产品的可信度，刺激用户购买欲望。畅销数据包括但不限于：产品销量、收藏率、加购率、转化率、好评率、复购率、排名等。在直播中还可以告知用户自己的家人和同事都在直播间购买该产品，促使用户下单。

（3）用户见证

用户见证指的是主播在直播间现场验证产品功效，或让使用过或正在使用该产品的同事朋友现身说法，分享使用体验和效果，也可对使用过产品的用户真实评论及成果进行展示，让用户更加直观地感受到产品的卖点，进而增强产品的可信度。

3．设置优惠，促进成交

用户在下单犹豫不决时，可采用价格对比、额外赠品、抽奖免单等直播营销策略，营造稀缺感，让用户认为现在不买就亏了，刺激用户下单。

其中，价格对比策略指通过进行价格对比凸显优势。用直播间的低价产品，与别家价高的同款产品或相似产品进行对比，凸显直播间产品的价格优势，让用户在心理上感觉占到了便宜。例如，生活日用品的直播销售话术，则可以对比线下超市的价格；大牌化妆品的直播销售话术，则可以对比线上店铺和线下专柜的价格等。而对于直播间价高的产品，则可以对总价进行拆分对比，告知用户这个价格拆分到每天每人每次上，实际花不了多少钱，让原本觉得价格昂贵的用户感觉实惠，从而大大提升用户的购买意愿。对于采用赠品方式给予优惠取代直接减免折扣的产品，还可以将赠品折合成店铺零售价进行计算，让用户更直观地感受到折扣力度之大，性价比之高，打消用户的价格顾虑，从而心甘情愿为此买单。

额外赠品："现在买这款产品，送××，再送××，相当于付1瓶的价格得到5瓶的量。"

抽奖免单："在今晚10点前完成付款的朋友，均可参与今晚的抽奖免单活动。"

4.6.6 直播平台软文案例解析

主题为"东方甄选年货节"的抖音平台直播脚本软文案例，如表4-9所示。这则直播脚本软文案例涵盖了直播预告、直播开场和产品介绍等环节对应的直播话术。

表4-9　东方甄选年货节直播脚本软文案例

直播流程		话术技巧	软文案例
直播预告		预告"直播主题＋直播时间＋直播福利"	"东方甄选年货节直播，明天16点" 有很多福利给到大家，你想要的好年货可以在这儿买到。所以明天16点一定记得锁定东方甄选直播间的"年货节"直播活动
直播开场	开播	双语开场介绍，凸显直播间风格，塑造记忆点	各位新进直播间的朋友们，我们再次跟大家隆重介绍一下自己。各位新进直播间的朋友们，大家好，你们现在收看的是由俞敏洪老师带队，新东方老师转型的，为大家甄选好物的直播购物平台，我们叫东方甄选 So hello ladies and gentlemen, this is New Oriental Selection Studio. We used to be teachers but now we are online promoters
	互动	设置优惠券福利，引导用户点赞关注	大家如果喜欢我们，可以在左上角点个关注，在右下角可以点点赞。俞老师头像下的会员按钮，大家可以点一点，点了之后可以领两张优惠券
	留存	强调粉丝福利，引导用户留存	我们有一些好的商品，大家也会在比较早的时间知道。感谢大家对东方甄选的支持，感谢
	互动	教知识，体现直播间文化特色	大家都进来了吧？我看到你们都在说想我了。我之前已经教大家了大概800句如何表达思念。你们现在用我教给大家的来表达一下对我的思念，可以吗？《采葛》里边有……
	留存	预告接下来的产品信息，引导用户留下	春节快到了，为了让大家提前感受一下过年的气氛，今天会给大家推荐很多产品。一是大家之前买过的一直呼声很高要求返场的产品，二是过年大家要置办的，自用、送礼都合适的年货产品 今天福利多多，大家多多关注，不要离开我们的直播间！
产品介绍	产品1	描绘场景，唤醒需求	你们家的筷子还在混着用吗？一家人混筷子，很容易造成一些疾病的交叉传染。今天给你们推荐的第一个产品是一款筷子
		突出卖点，强化信任	这款筷子每一双颜色和图案都不一样，一套搞定全家分餐用筷的需求，卫生又健康。现在买刚好过年就能让家里每个人都能用上自己专属的新筷子。 它是合金材质的，耐高温，不褪色、不变形，不易发霉、不易滋生细菌。这款筷子第一次上架直播间的时候就卖出了××套，我妈说她也在直播间下单了一套
		说明优惠，促成交易	今天在直播间下单，优惠价26.9元到手10双，18.8元到手5双，大家根据自己的需求去买。1号链接现在就是它，这是我们的第一个福利品
	转场	互动提问，承上启下，引发好奇	说到这个筷子。请问在古诗词当中，筷子的名字叫什么？对，我看到有人答对了。筷子古时候就叫"箸"。李白的《行路难》里…… 今天除了这双筷子，接下来都是好吃的。大家准备好！筷子很好，如果需要可以自己拍。因为下一个产品我已经迫不及待想跟大家介绍了
	产品2	描绘场景，唤醒需求	接下来给大家推荐的2号福利品是××儿童成长牛奶。过年的时候，如果您隔壁家或者您亲戚家有小孩，请大家务必买，反正我家的小孩都挺喜欢××的。我也还算我们家的小孩

续表

直播流程		话术技巧	软文案例
产品介绍	产品2	突出卖点，强化信任	这个产品它好在哪里？为什么要专门给小孩做一个牛奶？首先看它的配料表，很多家长关心它的配料只有生牛乳，生牛乳和普通的纯牛奶不一样，它是属于…… 这个牛奶真的很好喝，基本没有奶腥味。奶香味非常浓郁。这款生牛乳买回去，给你孩子热一热之后，是会结一层奶皮的。你看牛奶的品质真的没得说…… 每一小盒195毫升，不像平常250毫升的牛奶，孩子一般喝不完为什么要给大家做成这种小的利乐包装呢？第一个就是方便孩子携带，第二个是孩子可以把它喝完
		告知用户价格划算，催促下单	今天我们直播间优惠价119.9元，大家能够到手的是整整3大提，一提16瓶。所以大家能够到手的是48瓶牛奶，平均一瓶不到2.5元，太划算了啊。 我们直播间卖的都是现货，给大家发的牛奶是12月到1月生产的，保质期6个月。大家早拍早发货，今天拍下的，我们争取年前给大家送到

主题为"'双11'超级美妆节"的点淘平台直播脚本软文案例，如表4-10所示。这则直播脚本软文案例涵盖了整个直播流程及每个环节对应的直播话术。

表4-10 "'双11'超级美妆节"直播脚本软文案例

直播流程		话术技巧	软文案例
直播预告		预告"直播主题+直播时间+直播福利"	微博预告：大家快奔走相告！超级"双11"正式开始啦！24号（周一）下午4点开播！晚上8点付定金！超级美妆节，200多个爆品来了！关注+转发，随机抽取11人，每人获得11111元现金红包！点击右方蓝字，实时了解"双11"期间全预告和购买攻略
			微信公众号预告：超级"双11"预售狂欢夜来了！！今天15点海量超值爆品重磅来袭
直播开播	开播	开播欢迎，强调直播福利，引导观众关注分享	大家下午好，我们的直播开始啦，我们来了！今天的惊喜爆品很多，我们早点开播，让大家今天可以买到自己想要的单品。今天下午3点到5点会帮大家整理一波我们的产品并向大家推介，希望大家可以多多关注我们的直播间，多多支持我们的直播。帮我们分享一下直播间吧，辛苦大家了！新来的女生点一下关注哦。谢谢大家的支持，我们开播了
	互动	回复用户感兴趣的问题，增强用户对直播间的黏性	评论区有人问："助播头上插的啥？"她每年"双11"头上都要插两根大麦。好寓意，寓意着"大卖"。我看到大家都好紧张。你们有什么好紧张的？之前给大家预告了这么多场直播，就是为了让大家能买到自己想要的产品。不用着急，不用怕买不到，今天货很多。希望大家可以多多关注我们直播间。大家还是要记得理性消费，快乐购物，我们的定金在今晚8点开始支付
	留存	设置多轮抽奖和红包雨活动，引导用户持续关注、分享和留存	我们先挂一个抽奖给大家吧，我们抽10个手镯送给大家，谢谢大家的支持。我们今天的红包真的发得很快。一开播就发红包了，12分钟后开红包。我们今天一共有二三十轮红包送给大家。我们的红包雨，大红包和小红包都会有。所以，大家等下我们的大红包，一定要守在我们的直播间。谢谢大家，辛苦大家

续表

直播流程		话术技巧	软文案例
直播开播	留存	讲解直播活动规则，对部分主推的大热产品进行提前曝光，引导用户留存	现在我来说我们今天晚上的规则，希望大家多多关注我们直播间。从下午 3 点到晚上 8 点，我们会上 200 多个链接，后面留了 66 个链接在 8 点之后一个一个挂上，好不好？ 要不要稍微地透露一下 8 点之后有哪些产品？你们想知道 8 点之后第一个产品是什么吗？就是我们的 ××× 精粹水，225 号链接。今天晚上第二个产品就是我们的 ××× 面膜，226 号链接…… 等下再预告后面的产品，我们稍稍透露一点。8 点之后大家付定金。所以希望大家可以多多地支持和关注我们直播间，辛苦大家
产品介绍	产品 1	描绘场景，唤醒需求	我们的 ××× 补水保湿舒缓喷雾来了！其实很多女生问我到底为什么要买喷雾，这个类目对我来说有什么帮助？我帮大家整理了 4 个要点。 第一点就是你在用完了卸妆油和洗面奶之后，如果不能及时做护肤，是不是感觉脸部是干燥紧绷的，特别是吹头发的时候……我们先用喷雾来舒缓一下面部肌肤的干燥。而且它的价格很便宜，比起一般的水乳精华来说，不心疼，日常我先喷一喷，镇定一下、稳定一下就可以了。 第二点就是…… 第三点就是…… 最后一点，就是我们冬天整天待在干燥的暖气房，或者夏天从泳池或海边游完泳出来。你的脸会红扑扑的，对不对？你就可以先用喷雾快速地补水和舒缓，非常高效
		突出卖点，强化信任	我们的 ××× 喷雾，可不是普通的保湿喷雾，是功效型的精华水喷雾。它们家这款喷雾除了高保湿，还能抗氧化和维稳舒缓……今天直播间的喷雾抗氧化效果又提升了不少。想要买喷雾的女生，买它没有错
		强调价值，促成交易	我们今天直播间下单能优惠 ×× 元。来，我们的助播教一下大家，点开链接进入详情页……以后在脸部觉得干燥的时候，在用强功效精华之前，在敷面膜之前可以用喷雾喷一下
	互动	穿插红包福利，活跃气氛，调动用户购物热情	我们的红包雨来喽，大家可以赶紧领起来。希望今天送出第 30 轮红包的时候，你们也能保持这样的激情，谢谢大家的支持。多多关注我们的直播间好不好？新关注的用户可以领取一个 5 元的红包。另外我们会实时给大家送出福利
	产品 2	描绘场景，唤醒需求	有没有一到冬天，脸部就干燥泛红的女生？我每次遇到这个问题，都会第一时间用 ×× 品牌面膜
		突出卖点，强化信任	×× 品牌面膜，面膜界的优等生。这个是一款具有补水保湿、舒缓修护、提亮紧致功效的面膜。我们希望推荐给所有女生一款又便宜效果又好的面膜。 这款面膜的主要成分真的厉害，包含 ×××、××× 及 ×××，是不是很全面
		营造价值感，促成交易	现在我们直播间 ××× 元可以买 7 盒。说句心里话，我的粉丝都知道，这款面膜跟我合作已经把价格降到很低了。×× 面膜一片 10 元以下已经很夸张了。姐妹们听清楚，1 盒，2 盒，3 盒，4 盒，5 盒，6 盒，7 盒，我们再送 2 片小面膜。……再加送超好用的喷雾 1 瓶。来，我们上链接，要记得领券，往下翻，下面有券。辛苦大家，谢谢大家的支持
	……	……	……
	返场产品	告知返场，营造购物氛围	已经卖完下架的产品，我们看看能不能争取加点货，有必要的话，就帮大家返场

续表

直播流程		话术技巧	软文案例
产品介绍	返场产品	描绘场景，唤醒需求	如果你是那种每次上妆要两三个小时，皮肤容易卡粉、面部妆容颗粒感很重的女生，试试看 ×× 品牌的仿真肌粉底液
		突出卖点，强化信任	我真的超爱他们家的这款粉底液！我跟你说，这款粉底液能让你的精致妆容时刻在线，整日持妆不脱妆、不暗沉。今晚已经卖了 4 万瓶了，刚刚又给大家补了货
		突出价格优惠和赠品价值，促成交易	听清楚，×××元一瓶粉底液，作为一线品牌定价已经很便宜了。我们再送什么？再送正装微光蜜粉。买一瓶粉底液送一瓶正装蜜粉，而且是他们家 ×××元的蜜粉，再送化妆蛋 1 个和 5 毫升的粉底液小样 1 瓶，你们出门可以用哦。 大家赶紧买它！真的很好用
直播结束	预告	预告下场直播时间与内容福利，为下场直播做预热	大家好，我们今天的直播就到这，现在将近凌晨 1 点了，还有很多女生在问一些产品问题，其实我们已经没有货了。谢谢大家对我们直播间的支持！ 明天下午 3 点是我们的生活节，大家一定要记得来看！我们的产品有餐饮品、快消品等，而且折扣优惠非常大
	下播	表达感谢和祝福，加深情感连接	好的，我们今天直播就到这，感谢大家今天的陪伴！跟大家说再见了，谢谢大家，辛苦大家，明天见！晚安

练一练

　　请完整观看一场淘宝平台的"带货"直播，按照本节提到的直播平台软文写作技巧对该场直播脚本做详细的拆解。

课后习题

1 简述今日头条软文写作的五种技巧。

2 简述个人社交类平台的分类及区别。

3 简述问答类平台的分类及特点。

4 请在抖音、快手、微信视频号、小红书等短视频平台，找出你最喜欢的3则短视频软文，说出这些软文在哪些方面吸引你？为什么？

CHAPTER 05

第 5 章
软文营销的组合投放和效果评估

学习目标

➤ 了解软文投放的媒体组合策略。
➤ 了解软文营销效果评估的方法。

素养目标

➤ 系统学习科学理论知识，一切从实际出发，加强理论与实践相联系的能力。
➤ 坚持科技是第一生产力，运用数据思维进行软文营销效果评估。

随着新媒体技术的飞速发展，新媒体平台不断涌现，软文投放的方式和渠道变得更加复杂和多样化。如何在众多的新媒体中选择最合适的软文投放平台，成为企业和品牌营销的关键抉择之一。针对这一问题，本章将先介绍软文投放的媒体组合策略，帮助企业和品牌在众多软文投放平台中找到最优选择；再介绍评估软文营销效果的方法，通过复盘数据指标，找到数据指标背后隐藏的问题，从而解决问题，进一步优化软文投放效果。

5.1 软文投放的媒体组合策略

由于任何一种媒体都不可能覆盖软文的全部目标人群，因此企业在策划一个软文广告时，常常不止使用一种媒体，而是有目的、有计划地利用多种媒体来进行传播。软文媒体组合策略通常是指在同一时期内运用各种媒体，发布内容基本相同的软文。媒体组合策略是大中型企业常用的营销推广策略。

5.1.1 媒体组合策略的三大优势

软文投放是企业软文营销的关键环节。只有科学合理地选择媒体组合进行软文投放，软文营销才能达到事半功倍的效果。软文投放的媒体组合策略有三大优势：扩大覆盖范围、增加传播深度、媒体优势互补。

1. 扩大覆盖范围

每种媒体都有覆盖范围的局限性，如若将媒体组合起来进行推广，则可以把大多数目标用户纳入广告影响的范围之内，弥补单一媒体目标用户触达率不高的缺陷，有利于扩大广告的覆盖范围。广告的覆盖范围越大，广告的触达率越高，传播的效果越好，推广品牌或产品的影响力越大、知名度越高。

2. 增加传播深度

由于各种媒体覆盖的目标用户有重复，即一部分用户会看到重复的广告，这部分用户正是重点的目标用户。因此媒体组合策略的运用，将使得这部分重点用户在不同媒体上接触到同一广告内容的频次增多，这有利于增加广告传播的深度，增加重点目标用户对推广品牌或产品的关注度、记忆点和好感度，用户的购物欲望也随之增强。

3. 媒体优势互补

媒体组合策略不仅能够弥补单一媒体传播的不足和缺陷，还能形成合力，实现优势互补和优势叠加，让广告最大限度地发挥效果，促进广告目标的实现。将不同媒体结合起来，其广告效果相辅相成、相得益彰，能更有效地增强广告的渗透力和说服力。

5.1.2 两种常用媒体组合策略

企业在选择具体的媒体组合进行软文投放时，通常会考虑两种媒体组合策略：集中式媒体组合策略和多样式媒体组合策略。

1. 集中式媒体组合策略

集中式媒体组合策略往往是指针对某一细分用户的账号做广告投放。如某品牌化妆品想在新媒体平台上做新品上市推广，则可能会选取专业的时尚美妆类账号进行集中投放。集中式媒体组合策略适用于有特定细分市场及目标用户的产品，如母婴类产品等。

集中式媒体组合策略可以使软文在某一媒体中占有相对的优势，并在特定的细分用户中产生巨大的影响，有利于提高企业品牌或产品在特定细分用户群心中的熟悉度和好感度。如企业选择在电视的黄金时间或者在高端杂志的大型广告版面等影响力巨大的大众媒体上集中投放广告，还能创造和提升用户的品牌忠诚度。此外，集中在同一种媒体上投放广告，可以获得一定的折扣和优惠。

2. 多样式媒体组合策略

多样式媒体组合策略是指企业选择多种媒体平台进行广告投放。在新媒体中，多样式媒体组合策略也指选用多个不同类型的账号或不同推广平台投放广告。不同类型的账号如时政类、娱乐类、时尚美妆类、母婴类等新媒体平台账号；不同的推广平台如微信、微博、抖音、小红书等平台。多样式媒体组合策略适用于有着多样细分市场及目标用户的品牌或产品。一般而言，企业发布新品牌、新产品或是举办大型的活动，通常会采用多样式媒体组合策略加大宣传力度。由于不同的媒体投放需要不同的创意和制作效果，因此企业的推广费用可能上升。

多样式媒体组合策略相对于集中式媒体组合策略而言，可以扩大广告的覆盖范围，有效地提高广告信息的到达率。这种策略还有助于企业通过不同的媒体向不同的目标用户传达品牌或产品的各种独特的性能和卖点。对同一个目标用户而言，在不同的媒体渠道看到关于同一品牌或产品的不同信息，能够更加全面深入地了解该品牌或产品的卖点信息，有利于促成销售转化。

以中国南方航空公司的活动软文推广为例。中国南方航空公司以品牌年轻化为目标，推出"南航夏季旅游节"活动，围绕此活动做软文推广，并选择了11个微信公众号作为推广渠道。表5-1所示为部分公众号的软文信息，每个公众号的软文内容均有不同，以符合各公众号原本的定位和风格。

表 5-1　中国南方航空公司活动软文推广媒体组合投放

媒体名称	媒体定位	投放时间	软文标题	软文的内容及形式
百神传媒	人文自媒体	6月2日	这些你甚至未曾想象过的事，都值得一试	软文内容为与南极相关的纪录片，展示南极之美，呼吁"这个夏季，去看、去听、去感受另一种美妙，或荒芜。"从而引出"南航夏季旅游节"活动，并在文末附送机票折扣券

续表

媒体名称	媒体定位	投放时间	软文标题	软文的内容及形式
花花萌娃	给孩子讲故事	6月9日	花花想送听故事的你一张免费机票	软文内容采用语音讲述了一只小狼梦想旅行的故事，并在文末附上"参与留言互动就有机会获得免费机票一张"的活动及购票优惠信息
奇遇电影	电影评析	6月11日	只花了1000万美元，这部"脑洞"奇大的电影却成为年度佳作	软文内容围绕着"梦"这个主题解说一部科幻电影，文末引出南航本次活动的主题
阁楼音乐	流行音乐评论	6月13日	不用费劲存钱，这个夏天就能去看这些藏在歌中的绝美风景	软文内容通过推荐多个歌曲中唱过的美丽景点，引出南航主题活动
谢有顺说小说	文学评论	6月14日	谢有顺｜写作要对萎靡的时代做狮子吼	软文是此账号一篇关于小说写作的垂直内容的文章，在文末放上南航的活动广告
钟叔驾到	汽车相关	6月16日	钟游｜去吧，这个夏天属于车轮之上，白云之间	软文是一篇鼓励大家夏季去旅行的文章，文末附上南航的主题活动广告

5.1.3　品牌、产品生命周期四个阶段的软文营销策略

　　人的一生要经历婴幼儿、青少年、中年和老年四个阶段，品牌或产品也有相似的生命周期。不同的生命周期阶段决定了软文营销的不同目的及内容。品牌或产品的生命周期曲线如图5-1所示。企业在制定软文营销策略时，也应根据企业品牌或产品所处的不同生命周期阶段合理地投放不同类型的软文。

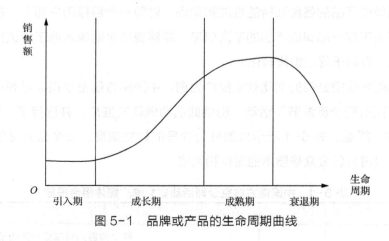

图5-1　品牌或产品的生命周期曲线

1．引入期

　　引入期，新品牌建立或新产品上市，此阶段的目标用户对该品牌或产品并不熟悉，

整体的销量较低。软文营销的目的在于让用户认识和了解该品牌或产品。

2. 成长期

成长期的目标用户已经开始熟悉品牌或产品，有大量的用户开始购买甚至是重复购买产品。此时，软文营销的重心应从介绍品牌或产品的卖点信息转到建立品牌或产品的形象上来。

3. 成熟期

成熟期的市场需求趋向饱和，品牌或产品销量增长放缓甚至有下降的趋势。面对激烈的市场竞争，企业在营销时往往会选择做更多的活动以刺激销量增长。此阶段的软文营销主要为宣传活动服务。

4. 衰退期

处在衰退期的品牌或产品销量明显下滑，企业会根据自身的情况制订相应的营销策略，而软文营销的策略也应根据企业的总体营销策略做相应的调整。此阶段有部分企业会选择继续采用过往的软文营销策略，也有部分企业会将所有的营销费用集中投放在拥有精准用户的渠道上，还有部分企业会直接放弃投放软文。

练一练

　　某知名护肤品牌的新品面市，需要你写一篇软文为此新品做推广，你会选取以下哪个角度作为软文的写作方向？你还能想出哪些角度呢？

1. 重点介绍品牌及品牌故事，让更多的用户了解品牌。
2. 推广品牌活动，呼吁更多的用户参与活动。
3. 告知用户新品面世的消息及新品卖点。
4. 触动用户转发。

5.2　软文营销的效果评估

企业中的任何工作都有一套评估办法，以检验工作成效。软文营销也同样如此，虽然内容优质且利于搜索的软文可长期在互联网上传播，效果会有一个长期积累的过程，但仍需做到效果可评估，以指导接下来的软文写作及投放。软文营销的效果评估一方面可促使软文撰写者对自身工作进行优化，另一方面也能体现软文营销的工作成效。

5.2.1　以四种方法评估软文营销效果

企业需通过具体的数据来衡量软文营销效果。根据不同的软文营销目的，应选择不同的数据及方法进行效果评估。常用的软文营销效果评价方法有投入产出比评价法、搜索引擎收录评价法、转载率评价法和流量评价法。

1. 投入产出比评价法

投入产出比评价法适用于以促进销售为目的的软文，是对企业进行软文营销期间所产生的销售业绩与平时的销售业绩进行对比，对软文营销投入的费用与销售业绩增长额进行对比的方法。简而言之，即计算企业在软文营销中投入的费用能产生多少效果，带来多少销售转化。其计算公式是：投入产出比＝（软文投放后产品的销量－软文投放前产品的销量）× 产品单位利润 ÷ 投入费用。在一般情况下，软文的投入产出比数值越高，说明单位软文营销成本带来的销量增长就越大，软文营销的效果就越好。

如某品牌的一款毛巾产品，平时3天的毛巾销量为600条，软文投放期间3天的销量为1200条；每售出一条毛巾能获取10元的利润；软文营销的投入费用为5000元。软文投入产出比的计算如下。

软文的投入产出比＝投放软文后增加的收益／软文营销的投入费用

$$= （1200-600） × 10 ÷ 5000=1.2$$

因此，在软文营销效果评估的3天时间里，企业在软文营销上每投入1元即可带来1.2元的利润增加。由此看来，该品牌毛巾未来还可继续采取此种形式的软文营销。

2. 搜索引擎收录评价法

搜索引擎收录评价法适用于在网络门户投放的软文。具体的评估方法：软文投放前，在百度、搜狗、360搜索等各搜索引擎中搜索相应的关键词，记录检索到的数据结果；软文投放后，再次检索，将检索结果与之前的结果进行对比。通过数据对比，客观地评价软文的投放及搜索引擎收录效果。

例如，某护肤品企业要投放一篇关于男士祛痘洗面奶的软文，软文撰写者可在投放前先于百度搜索软文相关关键词如"洗面奶"等，记录检索数据及排名，如图5-2（a）所示；投放后再查看检索数据及排名，并与之前的结果进行对比，如图5-2（b）和图5-2（c）所示。如果收录情况更优、排名更靠前,则意味着软文营销的效果较好；反之则效果不佳，应及时调整策略。

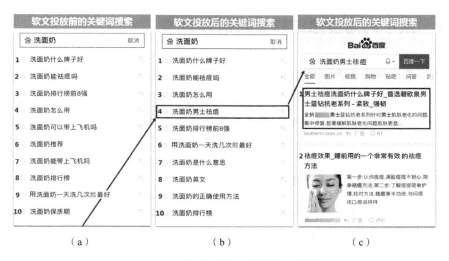

图 5-2　搜索引擎收录评价法案例

3．转载率评价法

转载率评价法主要适用于网络门户及新媒体软文。转载率评价法又称为二次传播量评价法，它是指企业发布软文后，在搜索引擎上查找已发布的软文，查看除企业自主发布软文的平台外，还有多少其他平台对该篇软文进行了免费转载的方法。软文的转载量越大，软文营销的效果就越好。例如，微信朋友圈的转发量可通过微信检索来查询。

4．流量评价法

流量评价法主要适用于以推广网站（App）或 H5 页面活动为目的的软文。流量评价法是指计算所投放的软文能给推广的网站（App）或 H5 页面活动带来多少点击量，即计算从软文跳转到相应推广链接或页面的点击量的方法。点击量可通过站长工具来查询。

此外，阅读量也可作为考核流量的一个重要指标，如在微信公众号、微博头条、今日头条等平台可直接查询具体的阅读量，通过阅读量来查看和评估软文的覆盖范围。

软文的营销目的及投放平台不同，其评估方法也不同，如论坛软文，会评估其转载率及置顶率，也会用以上四种方法进行组合评估。因此，做软文营销效果评估时，应主要根据具体情况来确定。

综上所述，软文营销效果的评估需要根据软文不同的营销目的及投放平台选择一种或多种评价方法。如以品牌推广为主要营销目的的软文，则侧重考查其流量和转载率；以产品销售为目的的软文，则侧重考查其投入产出比的数据等。运用多种评价方法进行软文效果评估的企业，建议设置各个评价方法的权重，并通过计算综合得分得出评估数据。

5.2.2 从不同角度总结软文营销效果

基于以上四种评价方法的数据表现，可直接看到软文营销的效果，但对负责软文撰写及软文投放的人来说，工作仍未结束。软文撰写者需梳理本次软文写作的优缺点，以便于后期改善；而软文投放者也需对本次软文的投放平台、时间等进行及时的总结和复盘，以积累经验，便于后续投放工作的完善。

1. 软文写作的两个总结角度

软文撰写者在软文投放后应从本次软文的标题和软文内容两个角度进行及时的总结和复盘，以便积累有效的素材，优化后期写作的效果。

（1）标题：积累有效的标题素材

与同平台往期软文的阅读量进行对比，如本次阅读量明显高于往期阅读量，则可说明本次标题更精准有效。认真分析软文标题更有效的原因，以便于后期继续使用。例如，有些软文标题附上"内含福利"或"免费试用"等字眼，直接摆出利益会带来更高的阅读量，由此便可知此类方法有效，后期可在预算允许的情况下继续增加此类活动，并在标题中附上优惠活动的关键词。当软文投放数量达到一定程度后，即可针对投放的不同标题类型做评估，建立企业自身有效的标题素材库，以便于为后期软文标题的撰写提供参考。

（2）内容：积累内容选题素材

如果软文营销的目的侧重于品牌推广，则可根据软文的阅读量、留言评论数及转载率评估软文的内容效果；如果软文营销的目的侧重于产品销售，则可根据软文实际转化率评估软文的内容效果。通过收集这些数据并与往期软文的数据进行对比，分析软文选题是否能够吸引目标人群，是否能够实现最终的销售转化。当此类数据积累到一定量后，即可对不同选题进行比较评估，建立专属于企业的内容选题素材库，以便于为后期软文选题提供参考。

2. 软文投放的两个总结角度

软文投放者在软文投放后应对本次软文投放的媒体组合选择、投放时间及频率等进行及时的总结和复盘，以便完善后续的投放工作。

（1）媒体组合的选择是否有效

根据各媒体平台的投放效果评估本次选择的媒体组合是否有效。对于软文投放效果良好的媒体，可考虑继续投放；对于投放效果不好的媒体，可暂时放弃。根据营销目的及成本动态调整媒体投放策略，对于投放效果较好的同类媒体，需考虑是否有必要进一步拓展。具体做法为：记录各投放平台的软文阅读量、留言量、转载率及转化率，并将各投放平台的数据进行对比分析和评估。

（2）软文投放时间及频率安排是否妥当

软文投放后的复盘和总结，还应考虑其投放时间和频率安排是否妥当。如大型活动的系列软文投放是否做到有节奏地推进，软文在活动的预热、启动、高潮、持续及结束五个阶段的投放时间及频率安排是否合理，并将亮点和需改善的地方一一记录下来，真实地反映软文营销工作成效，有助于积累相关的投放经验。

5.2.3　用一张表格搞定软文营销总结

为便于对软文营销效果进行复盘和总结，可采用表 5-2 所示的软文营销总结表。

表 5-2　软文营销总结表

选项	具体内容	备注
活动效果综述		此项对软文营销整体效果进行简述，可分为三点来写： （1）本次活动的目标及实际达成情况 （2）亮点 （3）优化点
软文营销目的		列出本次软文营销的目的，一般分为品牌传播、产品销售、活动推广等
软文营销目标		填写原本设置的目标，如阅读量达 200 万次以上、销售额达 5 万元等
实际达成情况		填写软文营销目标的实际完成情况
软文营销费用		填写软文营销各项费用明细
软文投放平台及具体效果		填写投放的具体媒体平台及相应的效果数据
本次软文营销亮点		从目标达成、软文写作、软文投放等方面分析本次软文营销的优点
本次软文营销待优化点		从目标达成、软文写作、软文投放等方面分析本次软文营销的缺点并提出改善建议

软文营销分为软文营销调研、营销策划、软文写作、软文投放、营销效果评估五个步骤。软文营销效果评估的结果又可作为下一轮软文营销调研及营销策划的信息来源和决策依据，从而形成一个闭环。填写并整理软文营销总结表，可为下一轮软文营销提供参考。

 课后习题

1　简述软文投放的媒体组合策略。

2　简述软文营销效果评估的方法。

CHAPTER 06

第 6 章
软文营销的注意事项、误区及风险防范

学习目标

➢ 了解软文营销的五大注意事项。

➢ 了解软文营销常见的三大误区。

➢ 了解软文营销的四大风险及防范。

素养目标

➢ 自觉遵守相关法律规定，确保软文的内容积极向上，坚持正确的价值观导向。

➢ 软文内容设计要尊重事实，尊重人民首创精神，始终接受人民批评和监督。

➢ 强化法治观念，恪守职业道德规范，防范软文营销实操中的各种风险。

软文营销作为企业新媒体营销中不可或缺的一部分，有着传统营销无可比拟的优势。但企业在软文营销的过程中也会遇到各种误区和风险，企业应客观地识别、评估和判断这些误区和风险，并及时地采取相应的防范措施和解决对策，以保障企业软文营销目标的实现。本章将介绍软文营销的五大注意事项、常见的三大误区和四大风险及防范。

6.1　软文营销的五大注意事项

软文营销是企业扩大品牌影响力和进行市场推广的重要手段。相对其他营销推广手段而言，软文营销是一种对营销人员实践操作要求较高的营销方式，它涵盖了市场调研及分析、内容策划及创作以及市场营销活动等方面。因此，为了促使软文营销达到理想的效果，企业在实践和操作过程中要注意以下五大事项。

6.1.1　了解产品及目标用户

撰写软文前，软文撰写者首先需要深入了解企业的品牌及产品，包括但不限于企业文化、品牌主张、产品卖点、功能特点、外观设计等方面，便于在撰写软文时巧妙地植入品牌或产品信息；其次需要做好市场调研和用户画像，了解目标用户的偏好属性，才能有的放矢，达到预期的软文营销效果。一篇优质的软文，通常能从用户的角度出发，给用户提供所需的信息或引起用户的情感共鸣，进而引出品牌或产品信息，从而形成良好的口碑传播，达到最终的营销目标。

6.1.2　设置抓人眼球的标题

随着新媒体时代的到来，人们获取信息的方式和阅读的习惯发生了很大的改变，人们的注意力会被网上的海量信息所分散。因此，一篇软文如果缺少一个能在众多信息中脱颖而出、迅速抓住人们眼球的标题，即便内容再优质，也可能会被海量的信息所淹没。软文标题的竞争已成为内容竞争的首要战场。

一个好的软文标题，既要符合用户的搜索习惯，又要在第一时间吸引用户的注意。因此，标题除了要设置目标用户在搜索引擎搜索相关信息时常用的关键词外，还要设置能引起用户注意或兴趣的关键词。此外，标题字数一般控制在 15 ~ 25 字会更符合用户的阅读习惯。因为字数太少将无法涵盖足够的关键信息，让用户难以搜索到该软文；字数太多则无法第一时间抓住用户的注意力，从而导致用户直接忽略该软文。不同平台的软文标题字数要求略有不同，公众号的软文标题相对短一些，头条号的软文标题则相对长一些。

6.1.3　合理借助社会热点

由于社会热点新闻、话题或事件常常自带流量，很容易引起广大用户的关注，因此，如果撰写软文时能够合理地结合社会热点进行借势或造势，将大大增加软文的曝光度，从而提升企业品牌或产品的知名度，并最终促成销售转化。

图 6-1 是写书私房课的软文案例。这则软文通过借势外卖员出版了感动无数人的诗集这一社会热点，有效提升了软文的曝光度和点击量，从而吸引更多潜在用户。

图 6-1 借助热点的软文案例

值得注意的是，并不是所有的热点都可以用来借势。软文撰写者需要判断热点是否与品牌的定位、风格以及长期的营销策略相符，通过与热点结合来制造品牌正面的记忆点，提升品牌影响力，让目标用户对品牌产生良好的印象和信任。切忌盲目跟风，生拉硬拽地蹭热点，反而会让软文营销的效果事倍功半，甚至会给品牌带来负面影响。

6.1.4 软文内容价值化

一般而言，一篇宣传企业品牌或产品的纯广告文章很难引起用户关注并促使其阅读全文，因此也就难以促成用户分享和销售转化，无法起到明显的广告效果。而一篇好的软文既能让用户在文章里找到自己所需的信息，为用户分享经验、提供价值，有助于建立用户信任及口碑；也能让用户了解软文撰写者所要宣传的内容，潜移默化地影响用户决策，促使用户自发地分享转发软文和购买产品。

图 6-2 是关于 PPT 3 天集训营的软文案例。这则案例通过给目标用户提供 100套 PPT 模板，促进用户分享转发，最终实现销售转化。

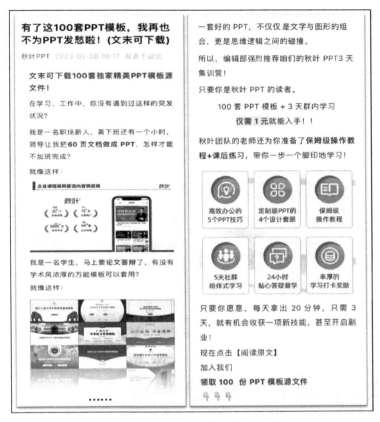

图 6-2　内容价值化的软文案例

6.1.5　巧妙植入引导语

几乎每篇软文都有一个共同的目标，那就是实现用户导流，即将用户导流到企业官网、微信公众号的关注页、推广活动页及产品购买页等落地页。企业的目标是通过用户导流实现品牌曝光或产品的销售转化，这就要求软文撰写者在写作软文时在正文中巧妙地植入引导语。

优质的引导语能从用户的需求出发，在确保用户拥有良好阅读体验的前提下，通过层层铺陈渲染，让用户感同身受，或心生向往或产生恐惧，"润物细无声"地引导用户点击、关注、转发，完成销售转化目标。此外，软文文末还可加入引导语来增强软文营销的效果。

图 6-3 是得到沟通训练营体验课的软文案例。这则案例从开头引入小测试，让用户自然而然地进入作者预先设置的思考路径中，增强用户的代入感；再通过接下来的

软文告知用户在日常工作中说服他人的方法，进而引出推广的课程。最后，在文末加入"现在加入可额外专享"等引导语，进一步促成销售转化。

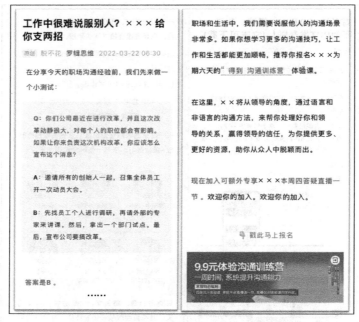

图6-3　植入引导语的软文案例

6.2　软文营销常见的三大误区

随着传统营销方式效力的逐渐下降，作为一种高性价比且行之有效的营销手段，软文营销日益受到更多企业的认可和重视。但很多企业往往因为没有把握住软文营销的核心，缺乏系统的流程，从而陷入各种误区。企业在进行软文营销的过程中，要注意以下常见的三大误区。

6.2.1　软文营销实际操作的误区

在实际操作中，很多企业的软文营销缺乏一个系统的策划流程，软文营销并不等同于软文撰写及发布，成功的软文营销要充分发挥软文的催化作用，让企业实现品牌形象提升及产品销售转化等营销目的。

因此，企业进行软文营销时并不仅是简单地撰写及发布软文，而是需要谋定而后动。这就要求企业在明确目标用户并找到产品核心卖点的前提下，有计划、有步骤地对软文进行撰写投放、推广维护及后续评估，即运用第2章提到的设计软文营销的五个步骤去系统化地实施软文营销。

6.2.2　软文策划及写作的误区

很多中小企业在进行软文营销时缺乏完整的营销策划流程，接到任务就直接开始写作软文，导致软文营销没有重点。不是"眉毛胡子一把抓"，把想要传达给用户的信息全部填进软文中，让用户费解、难以记忆；就是"捡了芝麻丢了西瓜"，分不清主次，让软文营销事倍功半甚至徒劳无功。

企业品牌处于不同的发展阶段，其软文营销策略和写作重点也会有所不同。企业新品牌上市推广阶段，软文营销的重点在于突出品牌核心卖点，让用户认识和了解该品牌；成长期的企业品牌，其软文营销的重点在于树立良好的企业品牌形象，增强用户信任；成熟期的企业品牌，其软文营销的重点在于提升及维护品牌形象，刺激销售增长。此外，软文标题和内容的撰写也要根据发布平台的属性稍做调整，切忌同一篇软文不做任何修改就发布到各种不同类型的平台上。

6.2.3　软文投放及维护的误区

很多企业认为软文投放得越多，就越容易被各大搜索引擎收录，以至于盲目追求软文数量而忽视质量。但是批量式地投放内容质量不高的软文，反而会导致软文的效力降低，甚至可能给企业带来负面的影响，让用户产生反感。因此，企业进行软文投放时应统筹兼顾软文的"质"和"量"。

企业在进行软文投放时除了要重视软文的内容质量外，还要注重发布平台的选择。很多企业在软文投放前并没有对发布平台进行评估和测试，而是盲目地投放大型门户网站，最终导致营销成本增加却收效甚微。因此，企业应该在软文投放前做好平台评估，如平台的定位是否与企业相符，平台的用户是否与企业的目标客户群相匹配，平台的用户活跃度是否够高等因素都需要综合考虑，选择好主要及辅助的投放平台后进行组合投放。此外，软文发布后还须根据企业的需求调整投放策略并对软文进行后续维护，以便让软文营销的效果最大化。

6.3　软文营销的四大风险及防范

软文营销对很多企业而言，是一种低门槛、高回报的营销手段，但也是最容易带来麻烦和风险的营销方式之一。因此，企业在软文营销实操中要注意以下四大风险并做好防范。

6.3.1 操作风险及防范

企业软文营销的操作风险主要集中在软文的创作上，常见的操作风险有：软文过度包装的风险、软文书写错误的风险。做好这两大风险的防范工作是企业软文营销的关键。

1. 软文过度包装的风险

在软文营销的实操中，软文撰写者通过软文与用户进行沟通。为了说服用户购买产品，软文难免会出现夸大其词、过度包装等现象。如果完全脱离实际吹嘘和放大产品的功效，对产品存在的问题和潜在的风险避而不谈，轻则会导致企业形象和声誉尽毁，用户对企业产生怀疑、丧失信任，产品严重滞销，资金回笼困难，重则导致企业面临破产倒闭及因虚假宣传而承担法律责任等。

国家网信办对于互联网新闻信息标题"歪曲原意，背离正确导向""无中生有，违背真实原则""以偏概全，歪曲炒作报道""虚假夸大，引发社会恐慌""炫富享乐，宣扬扭曲价值观""格调低俗，挑战公序良俗"等违反《互联网新闻信息服务管理规定》《互联网信息服务管理办法》中提及的"七条底线"和"九不准"等的行为，将依法进行查处。因此，在软文营销实操中，把握好产品的宣传包装尺度是关键，主要可以从以下两个方面着手。

一是在软文营销的调研阶段，要对产品或服务进行深入全面的了解。除了在企业内部了解产品或服务的性能、功效等情况外，还要向用户或第三方了解产品的实际效果及使用情况，以确保用于撰写软文的信息和数据真实有效。此外，软文中涉及数字和承诺性内容的描述须反复核查并谨慎使用，对于可能存在过度包装的地方要适度调整。

二是查询行业相关的法律法规及《中华人民共和国广告法》（以下简称《广告法》）等相关法律条文中禁用的词汇，并对比和判断软文中所使用词汇是否合法合理。如房地产行业常用的"全国第一""销售冠军""顶级"及教育行业常用的"最优秀""金牌""独创"等极限性词汇，化妆品及医药行业常用的"×天见效""疗效最佳""药到病除""无效退款"等承诺效果类词汇都应杜绝。

2. 软文书写错误的风险

在第2章提到过，软文在投放之前需重新检查和仔细校对。软文一旦发布，错误就难以修改，严重时会让企业陷入法律纠纷甚至对社会造成危害。软文中常见的错误包括文字、数字及逻辑关系等错误。为避免此类错误及风险的发生，软文营销负责人须制定标准化的自检和校对流程。

首先，校对文字，特别是软文中所涉及的名称，包括但不限于地名、人名、企业或组织机构名称、商标及商品名称等，都须认真地核对。除了名称外，同音字错误也属于软文中常见的文字错误，拿捏不准时切记查询确认后再使用。

其次，校对数字。软文中所涉及的数字，包括但不限于日期、时间、金额、数量等单个数据或区间数值，都要仔细地核查一遍。没有依据的或是敏感易引起争议的数据，不应使用。软文一旦发表，就会长期留存下来，其中提及的数据应客观可信。

最后，校对逻辑关系。快速通读一遍全文，查看文章逻辑关系是否清晰合理，语句是否通顺连贯。对于语义语境存在不合理的地方，要反复阅读找出问题并加以修正。自相矛盾、因果倒置、论据和观点无关等常见的逻辑错误要尽量避免。

除此之外，标点符号和行动目标也需要校对。软文营销人员可参照国家标准《标点符号用法》（GB/T 15834—2011）来核对软文中的标点使用是否正确。而行动目标的校对则主要检查软文中的关键词植入是否合理，配图与内容是否相符，插入的超链接或二维码是否能打开或扫描等。

企业的软文营销人员可把这些要素制作成表格以便检查和校对，如表 6-1 所示。除了自行检查，还可以与其他同事交叉校对。

表 6-1　软文校对清单

校对要素	具体内容
文字	软文中所涉及的名称，包括但不限于地名、人名、企业或组织机构名称、商标及商品名称等是否正确；软文中是否存在错别字等
数字	软文中涉及的数字，包括但不限于日期、时间、金额、数量等数据是否正确
逻辑关系	软文的逻辑关系是否清晰合理，语句是否通顺连贯
标点符号	软文中的标点符号使用是否正确
行动目标	软文中的关键词植入是否合理，配图与内容是否相符，插入的超链接或二维码是否能够打开或扫描

6.3.2　投入风险及防范

企业做软文营销时，如果没有提前做好调研和评估就贸然投入资金，很容易出现钱花了却没有对产品销售和企业品牌影响力的提升起到任何效果的情况。对企业而言，只要投入就会存在风险，想要完全规避这种投入风险是不可能的。要让软文最大限度地持续发挥作用，需要做好以下两个方面。

一是要做好阶段性营销目标分解，制定软文分步投放策略。首先，要根据企业软文营销的总体目标去分解和细化阶段性目标。其次，依据各阶段性目标拆解总费用预算并制定软文分步投放策略，包括软文投放平台的筛选、软文投放数量和时间的确定及对应的费用预算等。最后，在确定重点投放平台后，先投入小部分费用进行测试，如效果较为理想，则可增加费用投入，以降低投入风险。切忌花重金盲目投放某一个大型门户网站或广撒网式投放。

二是要做好软文营销效果的跟踪工作，制定评估和考核机制。营销人员在软文投放后要做好跟进维护工作，并根据企业的需求及投放的实际效果及时调整和持续优化策略，以确保软文营销的效果最大化。此外，企业还须对软文营销效果进行评估，并将营销人员的业绩考核与实际投放效果挂钩，这既有助于促进企业达成营销目标，又有利于调动员工积极性。

6.3.3　道德风险及防范

在软文营销过程中，有些企业为了博取大众眼球，让软文获得更好的传播效果，追求自身利益的最大化，不惜恶意炒作或蓄意制造舆论热点，还有的不惜捏造事实、散布谣言，以吸引用户眼球，误导用户，博取用户同情，让用户上当受骗。这些行为将导致企业面临道德层面的风险，以及经营效益和信誉的损失，严重时还会受到法律的制裁。

为了眼前的蝇头小利去做一些违背社会道德且消耗企业品牌信誉的行为，对企业的长远发展而言是有百害而无一利的。企业想要规避这类风险，在进行软文营销时就要把握好尺度，在确保产品或品牌的研发背景、生产过程及性能功效等客观真实的前提下，提炼产品或品牌的核心卖点进行适度的包装和修饰。只有依托事实、兼顾企业和用户双方利益的软文，才能站得住脚，让用户产生认同和信任，才能经得起市场的考验。

6.3.4　法律风险及防范

企业在软文营销过程中，必须树立和强化法律风险防范意识，围绕以下四大法律风险做好防范工作，避免或减轻法律风险对企业造成不利影响。

1. 侵犯著作权风险

著作权又称为版权，是指作者对其创作的文学、艺术和科学技术作品所享有的专有权利。在软文营销的操作中，要注意以下四种构成侵犯著作权罪的行为。

第一，未经著作权人许可，复制发行其文字作品、音乐、电影、电视、录像作品、计算机软件及其他作品的行为。

第二，出版他人享有专有出版权图书的行为，或者把作品编辑加工后，经过复制向公众发行的行为。

第三，未经录音录像制作者许可，复制发行其制作的录音录像的行为。这是一种侵犯录音录像制作者著作邻接权的行为。

第四，制作、出售假冒他人署名的美术作品的行为。这是一种借他人之名非法牟利的行为。

2. 侵犯肖像权风险

肖像权是自然人所享有的以自己的肖像上所体现的人格利益为内容的一种人格权。肖像权包括公民有权拥有自己的肖像，拥有对肖像的制作专有权和使用专有权，公民有权禁止他人非法使用自己的肖像权或对肖像权进行损害、玷污。

《民法典》第一千零一十九条中规定：未经肖像权人同意，肖像作品权利人不得以发表、复制、发行、出租、展览等方式使用或者公开肖像权人的肖像。由此可见，构成侵犯公民肖像权的行为通常应具备两个要件：一是未经本人同意；二是以营利为目的的行为。侵犯了他人的肖像权，即使用者在主观上希望通过对他人肖像的使用获得经济利益。但是，所谓的"营利"并不需要有营利的事实，只要有营利的主观意图，有客观营利的行为，无论行为人是否实现营利目的，都构成侵权。

常见的侵犯公民肖像权的行为，主要是未经本人同意、以营利为目的使用他人肖像做商业广告、商标、商品装潢、橱窗装饰及书刊封面等。除此之外，恶意毁损、玷污、丑化公民的肖像，或利用公民肖像进行人身攻击等，也属于侵犯肖像权的行为。对于侵犯肖像权行为，受害人可自行制止，例如，请求交出所拍胶卷或照片文件，除去公开陈列肖像等；也可以依法请求加害人停止侵害，恢复名誉，消除影响，赔礼道歉，并要求赔偿损失等。

在软文营销中，常见的侵犯肖像权的情况都是由软文中使用肖像引起的。建议软文中尽可能避免使用肖像；如果一定要使用，则应该尽量以新闻性报道软文的形式出现。此外，软文中的内容表述必须是正面积极的，有利于肖像本人社会形象的。

近年来，软文中特别喜欢搭配使用知名艺人的照片，特别是医疗机构、美容机构、服饰和餐饮公司等，这是非法行为，未经本人同意严禁使用。

3. 侵犯名誉权风险

名誉权是指人们依法享有的对自己所获得的客观社会评价、排除他人侵害的权利。名誉权主要表现为名誉利益支配权和名誉维护权。

在软文营销过程中，常见的对法人名誉的侵害主要表现为诽谤和散布有损法人名誉的虚假消息，通过制造谣言以达到吸引广大网民关注的目的。如虚构某种事实，诬陷某企业的产品质量低劣，企图用不正当的竞争手段搞垮对方等。

在软文营销实操中，软文撰写者必须杜绝以下三种情况。

第一，在软文中故意使用他人真实姓名，或即使未写明他人的真实姓名，但对人物特征的描述有明显的指向和影射的行为，如软文内容存在侮辱、诽谤等情况，致使他人名誉受到损害的，则构成对他人名誉权的侵害。

第二，行为人撰写和发布软文时，不仅正文内容要真实客观，标题部分也不能侵权。即使软文的正文内容没有侵权，但如果标题侵犯他人名誉权的，基于软文标题和正文形式上的分离，仍会被认定为名誉侵权。因为行为人既不能确保那些看了标题的用户会阅读全文，也不能保证用户会仔细阅读全文。失实的标题容易给用户造成误导，并影响用户对他人的看法，最终影响他人的社会评价。

第三，对生产者、经营者、销售者的产品或服务质量进行批评、评论，内容基本属实，不涉及侮辱、诽谤等内容的，则不会被认定为侵犯他人名誉权；但如果评论内容失实，借故侮辱诋毁他人致其名誉受损的，则会被认定为侵犯他人名誉权。

4. 不正当竞争侵权风险

不正当竞争是指经营者以及其他有关市场参与者采取违反平等、公平、诚实守信等公认的商业道德的手段去争取交易机会或者破坏他人的竞争优势，损害用户和其他经营者的合法权益，扰乱社会经济秩序的行为。

不正当竞争的表现形式多种多样，在软文营销的过程中，要注意以下三种会构成不正当竞争侵权的行为。

第一，虚假宣传行为。利用软文广告对商品的质量、成分、性能、用途、生产者、有效期限、产地等进行引人误解的虚假宣传。

第二，侵犯商业秘密行为。披露、使用或者允许他人使用其通过不正当手段所掌握的商业秘密。其中，"商业秘密"是指不为公众所知悉、能为权利人带来经济利益、具有实用性并经权利人采取保密措施的技术和经营信息。

第三，诋毁商誉行为。不得捏造、散布有损竞争对手的商业信誉、商品声誉的虚假信息，损害竞争对手形象和利益。

课后习题

① 简述软文营销的五大注意事项。

② 简述软文营销常见的三大误区。

③ 简述软文在投放前须重新检查的五个校对要素。